"国培计划"
送教下乡培训课程体系建构

唐明 著

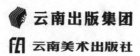

云南出版集团

云南美术出版社

图书在版编目（CIP）数据

"国培计划"送教下乡培训课程体系建构 / 唐明著
. -- 昆明：云南美术出版社，2020.1
ISBN 978-7-5489-3578-0

Ⅰ.①国… Ⅱ.①唐… Ⅲ.①中小学—乡村教育—师
资培训—研究 Ⅳ.① G635.12

中国版本图书馆 CIP 数据核字 (2018) 第 302483 号

出 版 人：李　维　　刘大伟
责任编辑：吴　洋　　陈铭阳
责任校对：郑涵匀　　张京宁
装帧设计：李　静

"国培计划"送教下乡培训课程体系建构

作　　者　唐　明　著
出版发行　云南出版集团
　　　　　云南美术出版社
地　　址　环城西路609号24-25楼
经　　销　全国新华书店
印　　装　朗翔印刷（天津）有限公司
开　　本　710mm×1000mm　　1/16
印　　张　8.25
版　　次　2020年1月第1版
印　　次　2020年1月第1次印刷
印　　数　1~1000册
书　　号　ISBN 978-7-5489-3578-0
定　　价　48.00元

序　言

在新的历史阶段，促进乡村教师良性发展，提升乡村教师队伍整体素质，是一项事关基础教育课程改革、城乡教育均衡发展，实现教育公平和社会主义新农村建设的战略性、全局性和基础性工程。

送教下乡培训以其"重心下移"的务实作风、创新的乡村教师培训模式赢得了基础教育的广泛关注，其提出与实施是对教育理论的丰富和培训方式的完善，具有较强的创新价值，为确保送教下乡培训的顺利开展和有效实施，教育部发布了《送教下乡培训指南》，对送教下乡培训的目标任务、实施流程、职责分工等做了详尽的规定，但培训课程无系统完整的参考体系。

课程建设是教师培训带有全局性、根本性的问题。它既是教育观念、教育思想、教育内容的集中体现，也是贯彻教育方针，落实培养目标的主要形式和途径。教师继续教育课程建设在很大程度上决定着教师教育的质量，进而影响国民素质。据此，本研究的目的在于不断提高教师的知识、能力和素质，以适应不断发展的基础教育需要；改进教师继续教育课程和课程体系，充分发挥它在教师继续教育中的核心作用。

课程是教师培训的核心要素，是实现培训目标的核心载体，是决定培训质量和效果的关键因素。没有课程内容体系的优化，就不可能有培训目标的提升与效果的优化，培训课程开发需要科学的课程理念，其出发点是教师的专业成长。教师培训课程开发，要综合考虑社会需要和教育发展的需要。在课程内容上，既要有前沿而系统的理论体系，又要有丰富的实践案例支撑，力争做到理论与实践的紧密结合。课程开发要针对农村中小学和幼儿园教师的实际需求，引领教师需求。

教师培训发展到今天，其课程开发的取向多以问题为中心，强调用以致学、学以致用、边学边用、活学活用。课程建设应倡导假设情境、问题解决、经验分享、合作探究等多种课程建构形式。教育部拟出台中小学幼儿园教师、校长（园长）培训课程标准。国家课程标准是教师培训机构研制培训课程的基本依据。但全国各地的实际情况千差万别，各地现有培训资源差异性也很大，教师培训机构要将国家标准与本地实际相结合，切实增强培训课程的本土性，从而增强培训课程在本地实施的适应性和活力。

教师培训课程需要积极探索具有时代特征、参训教师喜闻乐见的承载形式，避免单纯的理论说教，提倡以教育教学需求为导向，采取案例式、探究式、参与式、情景式、讨论式等多种方式实施课程，增强培训的吸引力和感染力，提高学习者的参与度。活动性课程相对于理论课程，更能让参加培训的教师参与其中，增强培训效果。

综上所述，构建"送教下乡"教师培训的培训与教育课程体系是一项复杂且系统性的工程。因此，需要在教育系统中的各个环节都能够参与其中。受到众多因素的影响，构筑科学性的课程体系需要学校领导与管理机制都能够充分参与，并起到承上启下的重要作用，是构筑优质培训课程的关键。在今后乡村培训课程体系设置中，要从全局出发，加强对教师综合素质与技能提高，促进教师整体教学质量提升。笔者对于"送教下乡"培训课程体系的构建发表了一些自己的想法，旨在相互交流，让培训课程设计地更加符合乡村教师的实际情况，从而更好地服务于教师与学生。

目 录 / CONTENTS

第一章　送教下乡培训及课程设置概述

教育为国家大计，送教下乡是为了更好地使得城市优势资源在乡村得以充分利用，以发展乡村。就送教下乡的具体角度而言，近几年也逐渐侧重于乡村教师的技能培训，乡村教育是国家教育的重要组成部分，加之经济、社会背景、个人素养以及教学环境等多方面因素的影响，乡村教育相较于城市教育具有极大的差距，这无疑限制了素质教育的推广与国家教育的发展，因此将城市教育先进的教学理念与教学方法"送教下乡"就显得尤为重要与必要了。

送教下乡是把培训学校办到乡村，把实践课放到教室，要实施送教下乡就必须了解什么是送教下乡，送教下乡的特点是什么，到底送什么下乡。由此来设置培训课程，当然也要对于培训课程的设置具有一定了认知，才能够更好地进行送教下乡的培训课程设置，更好地实施送教下乡内容，提升乡村教师整体素质，从而完成教学任务，培养更多的人才。

第一节　送教下乡概念

送教下乡是一个系统的名词与计划，在广义上可以理解为对于乡村农业、教育、文化、经济、以及科技等多个层次与角度的培训、职业教育以及学历教学；在狭义上可以认为是直指教育，是对于乡村教师的培养（本文也是从这一角度分析，来进行构成构建探讨的）。无论是广义还是狭义，其目的都是不言而喻的，那就是以知识教育促进乡村进步，发展乡村，加快建设农村的步伐。

初始送教下乡的重点是具有偏向性的，多是把城市职业院校涉农专业的优质教育资源送到农村，把学校办到农民的家门口，把实践课放在田间地头、饲养场，让想上学的农民有学上。送教下乡力求通过系统的学历教育，提高从业农民的生产技术水平，经营管理能力和思想道德素质，为社会主义新农村建设培养有文化、懂技术、会管理的新型农民。

在这方面所涉及的大多是直接为乡村经济发展服务，对于教育层面的送教下乡就显得较为单薄了，在中西部的乡村教师送教下乡上变现的不尽如人意，大多是任务式的完成，并没有真正贯彻送教下乡的真谛。在"国培计划"的推广与实施的大前提下，送教下乡的侧重点也相应地在近几年转向到了乡村教师的培训上，送教下乡所针对的对象也更多是乡村教师这些基层的教育工作，其目的在于通过将城市的先进教学经验与内容以及手段传送到乡村，使得乡村教师能够更好地开展乡村学生的教育工作，从而以知识改变乡村现状，反馈乡村发展。

中小学教师国家级培训计划，简称"国培计划"，由教育部、财政部2010年全面实施，是提高中小学教师特别是农村教师队伍整体素质的重要举措，这本身就是送教下乡的一种具体的执行方式。"国培计划"送教下乡主体上包括"中小学教师示范性培训项目"和"中西部农村骨干教师培训项目"两项内容。这两项内容所针对的也都是乡村教师的培训问题，也是目前送教下乡的重点所在。

"中小学教师示范性培训项目"是由中央本级财政每年划拨5000万元专项经费支持，教育部直接组织实施面向各省（区、市）的中小学教师示范性培训，主要包括中小学骨干教师研修、培训团队研修、中小学教师远程培训、班主任教师培训、中小学紧缺薄弱学科教师培训等示范性项目。项目将为全国中小学教师培训培养骨干，做出示范，并开发和提供一批优质培训课程教学资源，为"中西部农村骨干教师培训项目"和中小学教师专业发展提供有力支持。

"中西部农村骨干教师培训项目"主要包括农村中小学教师置换脱产研修、农村中小学教师短期集中培训、农村中小学教师远程培训。该项目是在教育部、财政部统筹规划和指导下，2010年由中央财政安排专项资金5亿元，采取转移支付的方式支持中西部省份按照"国培计划"总体要求实施的。在对中西部农村义务教育教师进行有针对性培训的同时，引导地方完善教师培训体系，加大农村教师培训力度，提高农村教师的教学能力和专业水平。

实施"国培计划"旨在发挥示范引领、"雪中送炭"和促进改革的作用。通过该计划培训一批"种子"教师，使他们在推进素质教育和教师培训方面发挥骨干示范作用；开发教师培训优质资源，创新教师培训模式和方法，推动全国大规模中小学教师培训的开展；重点支持中西部农村教师培训，引导和鼓励地方完善教师培训体系，加大农村教师培训力度，显著提高农村教师队伍素质；促进教师教育改革，推动高等师范院校面向基础教育，服务基础教育。

综上所述，送教下乡带有其独特的时代性与需求性，其针对性也是明显的。"下乡"即是下到农村，而所谓"送教"即是将先进的技术、科技、理念以及具体方式送到农村。同时"送教下乡"本身既是一种理念，也是一种具体的实施方案，当然它还是一种培训模式。其有广义与狭义之分，广义上是指将先进的知识技术理念在乡村进行培育；其狭义就是指对于乡村教师的培训。同时"国培计划"的目的也是为了为给西部农村学校提供教学示范和专业引领，实现城乡教育资源互补，增进城乡教师的相互学习，缩小城乡教育想发展的差距。

第二节 "国培计划"送教下乡培训含义

"国培计划"送教下乡培训是目前乡村教师提升的一个重要手段，也是教育任务，是解决当前城市与乡村、东部与中西部教育失衡的必然方式。以此了解"国培计划"，了解送教下乡所代表的含义就显得尤为重要了。

"国培计划"送教下乡培训的重点培训项目——"中西部农村中小学骨干教师培训项目"。这个直接的目标笔者概括为三个"为"：为了乡村教育的健康发展、为了我们的孩子更健康成长和发展、为了我们老师快乐和幸福的教学与生活。

孩子的健康成长与发展是我们教育的出发点，也是教育最后的归宿。当然也是我们审视和评价乡村教育的根本尺度。乡村教育的发展、人才的培养不仅关系乡村的政治、经济、文化的发展，更直接关系到千家万户。而教育发展的关键又在教师。教师的专业化水平、教师的教育理念、教学模式、教师的生存状态及其生活方式、思维方式都直接影响教育的成败。改革开放以来，特别是近年来，国家教育在经济发展的支持下迅速发展。然而，全国教育发展的不平衡、农村师资的严重短缺、教师教育观念的相对滞后、专业化发展的相对缓慢，依然是制约乡村教育发展的瓶颈。特别是农村中小学师资队伍建设和农村骨干教师培养，依然是乡村教育发展亟待解决的问题。因此，国培计划送教下乡培训项目对乡村教育发展、对我们教师的专业化发展就有着非常特殊的深远的意义。所以，市教委的领导、培训学校的领导、专家、管理者对国培计划送教下乡培训也都给予了前所未有的重视。

提高农村骨干教师专业化发展是送教下乡培训的主题，提高课堂教学有效性是培训的实际目的。在国培计划送教下乡培训中，笔者认为应该抛弃原有任务式的"送教"，而应该采取全新的培训理念和模式。

从项目实施上讲，采取项目专家负责制。专家负责实施方案的设计和课程安排，以及学科培训进程的调控与全程指导，这保证了国培计划高品质的实施。我们的学科主持专家不仅有对本学科和教育理论深刻理解与把握，而且大都有对基础教育的长期的深入调研，因此他能够把握学科发展方向，也了解一线教师的困难与需求。这就必然使课程实施方案的设计更有针对性和实效性。在课程实施中主持专家严格把关，不因人设课，聘请高水平的专家讲座和一线专家教学，保证了教学内容的前瞻性、可操作性和实效性。在培训模式上我们更多的是采取参与式、实践式、研究式的教学模式。在内容结构上采取既相对独立，又有内在的必然联系模块式设计。

笔者通过调研与分析，送教下乡培训内容大致应该包括八大模块：个人学习与发展规划；师德与民族团结教育、科学与人文素养；教育教学理论与学科素养；学科教学问题与策略研究；教育科研方法；信息技术应用；跟岗研修（含校本研修的设计与实施）；反思与提炼（含论文答辩）。其目的是更新和充实教师学科专业的理论，提高教师学科专业的理论素养和学术水平。就教育教学而言，要改变陈旧的教学理念，提高教师对课程的理解、把握和对新教材的应用能力，提升骨干教师的教育教学能力和教学研究能力。目前的国培计划指导理念，应该说是对笔者的这个培训理念、实施方案、及其效果的检验和实证。

有人怀疑，短时间的培训能够能给予乡村教师什么呢？能够解决教师专业化的发展问题吗？这个问题非常有意思。的确，教师的专业化发展不是一个静态的一次性过程，它是一个动态的、长期的、不断发展的过程，而且教师的真正的专业化发展不是外在的被发展的过程，而在于自我内在的发展要求，自觉的自我发展意识，而这一点在乡村教师身上体现得尤为明显。那么，在国培计划送教下乡培训中如何真正促进教师的专业化发展？国培计划到底要给予老师什么？意义何在？

在笔者看来，国培计划送教下乡培训的更深层的意义在于，对受训教师的专业引领、观念启迪，激发其内在的自觉意识和发展激情。所以说，更重要的是通过我们的课程设计、通过我们的教育理念、通过我们的现代培训模式，通过我们的管理模式与服务，让学员在感受现代教育理念、教育模式、教育方法，提升专业素质与学科教学能力的同时，传递一种责任、一种信念、一种理念、一种精神、一种作风，发挥专业的引领作用。

首先，通过国培计划送教下乡培训我们要激发起老师久违的激情。由于工作条件、生存环境、各种压力使许多一线老师囿于机械的、传统的教育桎梏，陷入疲惫、倦怠、失望、失落、迷茫，甚至麻木状态中。而送教下乡的乡村教师的培训要做的是唤醒教师那尘封多年的理想，激发起那久违的激情，点燃他们对教育希望，这是教师发展的内在动力！在参加国培计划送教下乡的培训课程中产生诸多体会与感动，一些乡村教师在座谈会上也讲述了在乡村教学过程的尴尬与艰难处境，培训后的感受以及自己的理想信念，现在笔者想来也是十分感动的。送教下乡培训对于乡村教师是一剂唤醒教育灵魂的良药，是他们解决自己教学中所遇到的实际困难，从而点燃乡村教师对于教育的希望。这是从乡村教师的教学理念上、教学思想上，改变乡村教师的传统观念以及无人问津的尴尬处境。如果我们把的国培计划描述为冬日一颗火种，温暖了老师们那颗神圣但疲惫的心，那么送教下乡的实际方案就应该是秋日里的一缕清风，吹开老师们那关闭已久的理想的心扉。这就是国培计划！这就是送教下乡培训！

其二，通过国培送教下乡要启迪老师感悟、追寻教育本真。每个教师都有自己的教育理想，都梦想成为一个受学生爱戴的人，至少在他们心底还有"爱"，那是父母对自己孩子般的爱，而那个"爱"就是教育的真谛！这种爱被日常的繁杂、扭曲的观念、无情的现实所掩埋。笔者认为，送教下乡应该要唤醒老师灵魂深处的这种爱，因为教育就是这种爱的传递，教育是对世界与生命的感悟，教育是教给孩子处世立身的根本，教育是生命更加健康幸福的延续。对生命的关注、对学生的真爱，回归教育本真！这就是我们倡导的新课程理念。同时，当送教下乡改变教师教育理念的时候，意味着教学方式的改变，教学方式的改变意味着教师的生活方式与生存方式改变。当老师们看到教育可以是一首欢快的歌，一幅美丽的画，一个快乐的有趣的游戏，一段催人泪下的数字故事，一次心灵的碰撞与交融的时候，他们感受到的不仅是教育教学的乐趣，还有生活的幸福。

其三，国培送教下乡还是一次文化的传递，笔者称之为"大培训"概念。整个培训中，送教下乡的做事的态度、做事的方式、做事的过程、做事的效率本身就是一种现代教育理念的体现，就是一次现代的文化的传递。

送教下乡的含义更多的在于"送什么"以及"为什么送"。送教下乡所送的不应该是形式也不应该仅仅是理念，而应该是在送教学理念的同时送出乡村教师教学的实际问题的解决方案。为什么送教下乡，其目的也是直接的，就是恢复教育平衡，发展乡村教育，培养人才。

第三节　送教下乡培训概念

一、乡村教师概念

送教下乡的对象是明显的，那就是中西部的乡村教师，因此了解什么是乡村教师就显得尤为重要了，因为乡村教师的培训是针对于乡村教师具体的教育工作的。

乡村教师是农村教育"活的灵魂"，是农村学生睁眼看外部世界的"第一面镜子"。他们地位的变化，事实上与乡村社会对待读书的态度直接相关：乡村教师的地位愈高，农村家长和学生对通过读书改变命运，以实现阶层向上流动的认同度也就愈高；反之，则愈低。可见，让全社会赋予乡村教师这个群体本应拥有的崇高地位，绝不仅仅关乎这个特定群体自身的光荣，更关乎乡村社会与农家子弟对待知识的态度，关乎底层社会对未来的期望。然而，作为一个庞大的知识群体，当前乡村教师的地位总体不高，这背后有着复杂的社会因素。

从外部来看，随着城镇化进程的推进和广大农民经济地位的提升，乡村教师的经济和文化地位均受到一定冲击。由于多年来城乡教育发展差距的存在，乡村教师已很难满足乡村社会日益多元化和优质化的教育消费需求。"城乡分殊已致流动固化""激励缺位已致职业倦化""待遇低下已致负担沉化""道统剥离已致功能窄化""原创不足已致话语弱化"的乡村教师，很难在乡村社会获得地位认同，更遑论全社会发自内心的尊崇了。

从内部来看，作为一个群体，乡村教师这一岗位无疑具有"超稳定性"，但乡村教师个体却具有明显的"强流动性"。一些教师凭借个人实力或人脉关系脱离了教师岗位，这给仍在坚守的乡村教师造成了额外的精神压力，使得坚守者在教育内部空间也找不到足够的尊严感。社会各界对乡村教师群体的帮扶行为和同情话语，固然有用且必要，但客观上也在不断印证着乡村教师的弱势地位。另外，随着农村学校布局结构调整的"重心上移"和乡村教育的"选择性消费分层"，底层农村学校的优秀生源不断流失，这样的客观现实使得乡村教师很难在教育教学绩效考核中获得职业成就感，结果更容易产生职业倦怠。这种恶性循环一旦形成，会进一步助推外界对乡村教师群体的轻视。

乡村教师的问题也不仅仅是地位的问题，在教学上也存在种种问题，这些问题都应该做到详细的了解，才能在送教下乡的培训中对症下药。

从社会大结构来看，随着乡村社会的发展，农村家长和学生教育需求的提高，乡村教师必须正视由此带来的新挑战。在当前社会高速发展的大环境下，乡村教师需要解决的也不仅仅是地位的问题，还有其他同样重要的问题都是迫在眉睫的。在乡村，由于地理环境的闭塞，导致乡村的教育环境也相应地出现简陋与落后的情况。此外，由于对于先进教育理念、知识以及教学方法的缺失，致使乡村教师在教学过程中依旧采用陈旧的教学方式与教学内容，使得学生所学内容与其他地区特别是城市区域的教育差异更大，变得人才培养更加困难，好的地方越来越好，而乡村则一成不变。这些问题与乡村教师地位问题并非独立的，而是一个有机的整体，要从根本上解决现存问题，要走出与乡村空间划分和与城市空间划分的"文化堡垒"，实现教育平衡就必须实行"国培计划"送教下乡培训，并且在送教下乡培训的具体实施与培训课程构建上，都应该从社会结构与乡村结构上入手，让乡村教师能够在送教下乡实施在乡土实践中，真正形成本土化的原创教育理论和实践。

从制度层面来看，提高乡村教师待遇已迫在眉睫。要实现乡村教师"引得来""留得住""干得好""有发展"，无疑需要一揽子的系统性制度设计，其中收入分配制度中待遇的"增量性提高"和合理的"存量型分配"尤为关键。未来中国乡村教师需要从政策层面明确"以岗定薪"，边远艰苦地区的教师岗位薪酬设置应在本地具有足够的竞争力，各地要制订明细的岗位工作计划，并接受专业化的过程评估和结果评估。

通过对乡村教师的了解，再进行送教下乡才能更好地有针对性地对乡村教师做出实际的培训，打通高等教育和基础教育的制度分界线，在农村合理布局高校，打通高校教师、中小学乡村教师和外部民间力量之间的壁垒。笔者期待国培计划送教下乡的实施，能够改变更多乡村教师的教学理念、教学方式以及困难的现状，从而有像晏阳初、梁漱溟、陶行知一样的乡村教育大家在未来涌现出来，从而以乡村教师的内生实力，发展乡村教育，培养更多的人才。

二、送教下乡培训概念

（一）送教下乡培训概念

送教下乡是"国培计划"的具体形式，是对乡村教师的培训项目，那么送教下乡培训的概念到底是什么呢？

从"国培计划"的纲领文件中我们可以知道，国培计划送教下乡培训是为了在对乡村教师培训的同时引导地方完善教师培训体系，加大农村教师培训力度，提高农村教师的教学能力和专业水平。而国培计划主要包括农村中小学教师置换脱产研修、农村中小学教师短期集中培训、农村中小学教师远程培训。

送教下乡培训到底是什么？

从《送教下乡培训指南》中我们可以知道其根本是为贯彻落实《国务院办公厅关于印发乡村教师支持计划（2015-2020年）的通知》（国办发〔2015〕43号）和《教育部 财政部关于改革实施中小学幼儿园教师国家级培训计划的通知》（教师〔2015〕10号）相关要求，推进各地做好送教下乡培训，切实推动培训团队深入课堂、现场指导，着力提升乡村教师课堂教学能力。

换言之，所谓送教下乡培训实际上就是对于乡村教师进行学科、课堂、理念以及现场指导为目的性的培训行为。

（二）送教下乡培训任务

就送教下乡培训的目的任务而言。送教下乡培训需要明确"谁组织""谁送""送什么""怎么送"。因此应该由省市统筹，区县组织，依托本地培训团队，整合区域外专家资源，采取任务驱动方式，定期开展送教下乡培训，以送教下乡培训带动校本研修，创新乡村教师培训模式，提升乡村教师培训实效。其主要任务应该表现以下几个方面：首先，分学科组建结构合理的高水平送培团队；其次，分阶段开展主题鲜明的送教下乡培训；其三，现场指导乡村学校开展校本研修；其四，提升乡村教师课堂教学能力；其五，加工生成一批本土化培训课程资源；其六，完善乡村教师专业发展支持服务体系。

（三）送教下乡培训实施流程

就实施流程而言，区县教育行政部门必须将送教下乡培训纳入乡村教师全员培训规划，制订送教下乡培训周期计划与年度计划。原则上同一乡镇同一学科每年送培不少于 4 次，每次不少于 2 天，确保送教下乡培训实效。县级教师发展中心（培训教研机构）会同高等院校，根据教育行政部门相关要求，做好培训需求调研，确定培训主题，研制实施方案，按照诊断示范、研课磨课、成果展示以及总体提升的主要环节实施送培。

诊断示范是指培训团队深入乡村学校现场，通过课堂观察、师生访谈、工具测评等方式进行诊断，找准乡村教师课堂教学存在的突出问题。针对问题，选择契合主题的课例，采取说课、上课、评课等多种方式提供示范教学，提出教师研修任务。

研课磨课即是学校组织教师围绕研修主题，按照研修任务，结合校本研修，开展研课磨课。研课环节着力开展课例研讨，进行对照反思，突出经验学习。磨课环节突出课堂教学问题解决，围绕教学目标、教学内容、教学方法与手段、教学评价等进行打磨，不断改进教学设计。送培团队针对学校研课磨课的难题，通过示范教学、同课异构、专题研讨等方式进行现场指导，生成合格课、优质课、精品课。

成果展示是送培的必然阶段，送培团队会同乡村学校或研修片区开展阶段性研修成果展示，采取说课、上课、评课等方式展示教学改进成效，通过微课例、微案例、微故事等展示研修成果。

总结提升则是在最后进行的总结阶段，送培团队指导乡村学校和教师对年度送教下乡培训工作进行系统总结，梳理经验、反思问题、明确改进方向，生成代表性成果，制订下一年度校本研修计划和个人发展计划。县级教师发展中心（培训教研机构）对各个送培团队课程及学校研修的代表性成果进行加工，形成本土化培训资源包，支持学校校本研修和乡村教师专业自主发展。

（四）送教下乡培训职能分工

送教下乡培训并非一蹴而就，也不是一人一体的，所设计的方面也是具有其特殊性的，由于所针对的培训对象，致使在送教下乡培训中各个层面的职能分工各有不同，各有特色。对于参与送教下乡的参与维度，主体表现在省市教育行政部门、区县教育行政部门、送培团队、乡村学校以及乡村教师自身等方面。

（1）省市教育行政部门职责

省市教育行政部门是总体指导与管理的机构，送教下乡培训的确立、实施、推广等都是由其所引导的。这一类行政部门就有高屋建瓴的作用，处在统筹的地位，其职能分工主要表现在四个方面：首先，省市教育行政部门的职责在于统筹规划，完善制度，建立机制，大力推动区县开展送教下乡培训；其次其还应该有效利用国培、省培、市培经费对区县进行支持；再次，省市教育行政部门需要依据培训质量标准，做好区县开展送教下乡培训工作的指导、监管评估；最后，其职责就是发掘区县先进做法和典型经验，及时总结推广。凡此四个方面做好就能自上而下地实施送教下乡培训了。

（2）区县教育行政部门职责

区县教育行政部门是实施送教下乡培训的直接组织机构，送教下乡的人员安排，学校对口以及送培内容都有区县教育行政部门提出，由此可见其职能分工的重要性。区县教育行政部门根据省市要求，制订区县送教下乡培训计划和实施方案。积极引进高等学校资源，有效整合本地培训、教研、电教等部门资源，建立高等学校、县级教师发展中心、片区研修中心和乡村学校四位一体的送教下乡培训支持服务体系。同时按照培训者与本地乡村教师比不低于1:30建立县级培训团队，整合区域外专家资源，分学科（领域）组建结构合理的高水平送培团队。制定相关激励政策，支持县级培训团队开展送培工作。并且根据送教下乡的培训规划和职责分工，落实培训经费，避免不必要的麻烦。区县教育行政部门还应该根据当地实际教育情况健全管理制度，明确各方职责，确保各环节工作落实到位。有效加工送教下乡培训生成性资源，并纳入本地培训资源库，进行推广利用。此外还应依据培训质量标准，做好对县级教师发展中心（培训教研机构）、送培团队和乡村学校的过程监管和绩效评估工作。并且发掘先进做法和典型经验，及时宣传推广。

（3）送培团队职责

送培团队是由送培教师、专家以及教育领导组成的，这一团队是送教下乡培训的具体执行者，所有的送培内容都有他们直接进行，并且也有他们在培训后进行反馈。因此，送培团队的职能分工就在于积极参加培训学习，切实提升送教下乡培训能力，按照培训实施方案，高质量完成送教下乡培训任务，并且梳理、研究乡村教师课堂教学的突出问题，提出解决方法策略。此外，要做到创新培训方式方法，提升送教下乡培训实效与及时总结送培经验，有效推广送培成果。

（4）乡村学校职责

乡村学校是特殊的教学场所，因为地理位置的特殊性，在送教下乡培训中是主要的培训场所，同时也是培训的参与对象，它在送教下乡培训过程中的职能分工在于将送教下乡培训纳入校本研修规划，制定本校实施方案，实现送教下乡培训和校本研修有机整合。会同送培团队做好诊断示范、成果展示和总结提升等环节的实施工作。并且负责研课磨课环节的实施工作，做好培训生成性资源的汇聚整理工作，向区县推荐代表性成果。将区县培训资源包和本校资源纳入校本研修课程。同时做好本校学科组和教师研修的过程监管和绩效评估，以及做好本校实施工作总结，督促指导乡村教师做好总结提升。

（5）教师职责

乡村教师是送教下乡培训的直接培训对象与受众群体，换言之，乡村教师是送教下乡培训的直接参与者，因此乡村教师的职能表现在要做到认真参加诊断示范，找准自身课堂教学突出问题，明确研修目标任务，制订个人研修计划。并且认真参加研课磨课，借鉴示范课例，优化教学设计，及时将培训所学用于课堂实践，切实提升课堂教学实效。同时应该积极参与"说课、上课、评课"和"微课例、微案例、微故事"展示活动，提炼生成个人代表性成果。此外还需要认真进行个人总结，梳理经验、反思问题、明确改进方向，制订下一步个人发展计划。

第四节　国培计划送教下乡培训特点

教师是一个教育育人的职业，这就要求教师要不断的学习，及时"充电"，树立终身学习的思想和态度。近年来，送教下乡活动正如火如荼地开展着，乡村教师的思想长期处闭塞状态，因此，开展送教下乡活动很有必要。本文针对如何开展送教下乡这一问题进行探索，致力于找到切实可行的方法，希望对广大读者有所帮助。

相对于城市而言，农村的教育普遍比较落后，特别是那些偏远山区的教育质量得不到保证，教师长期处于封闭的思想状态下工作和生活，对外界的变化知之甚少，思想跟不上社会和时代发展。因此，实施送教下乡培训，促进乡村教育的发展，提高乡村教学的教学质量势在必行。

一、国培计划送教下乡培训特点

（一）领导要对送教下乡活动引起重视

对于中央提出了要加强对新农村的建设，提高乡村教师的专业素质和教学质量，拉近乡村教育和城市教育的质量水平。在这个问题上，做好送教下乡培训的首要条件是领导重视，因此，为了让送教下乡活动得到很好的开展，相关部门的领导要对此引起高度的重视。

1. 领导要解决好送教下乡中"送"什么内容的问题

送教下乡的内容一般来说，有教师的教育理念、教师在教学过程中总结的教学经验、教师在教学中采用的教学技术以及教学方法。对于送教下乡采用的形式有很多，一般情况而言，有专题讲座、教学观摩、评课说课等。送教下乡活动要坚持从实际出发，了解乡村教师需要什么，把教学理论和实际的教学培训相结合。通过让乡村教师进行现场观摩和问题解答相结合，通过课堂教学、专题讲座和现场对话的形式，给乡村教师送去最新的教学思想、正确的教学观念、合理的教学模式、有效的教学方法和良好的师德风范。

2. 领导要解决好送教下乡活动中存在的问题

送教下乡是针对农村教学落后问题提出有效解决方式，但是没有从实际出发，在送教内容和送教形式上严重地背离了乡村教师的实际情况，并没有给乡村老师带去授课思想和理念，只是送去了几堂课，这使得送教下乡成为毫无意义的送教。在送教的内容上过于简单，并且缺乏针对性，频繁地送教使得乡村教师没有了对送教下乡活动的兴趣，缺乏创意的送教激发不起教师的热情，存在着走马观花的思想。

3. 领导针对存在的问题，要提出改进意见

领导要坚持从实际出发，对于乡村教师迫切需要知道和解决的问题，进行多层次多方面的调查，找出现阶段乡村教师普遍关心的问题，然后再根据实际，制定出合理的送教内容、精心挑选送教下乡的教师，提高送教下乡活动开展的质量。一次送教活动是不能达到送教下乡活动的效益的，这就要求领导做到送教下乡活动的延续工作，善于利用网络平台对送教活动进行宣传，提高送教活动的影响力，使更多的师资队伍参加到送教下乡的活动中来。

（二）建立长效机制，确保送教下乡活动的正常开展

在送教下乡的活动中，存在有资金不足的情况，这使得送教下乡活动不能按时开展，对乡村的送教就变成了雪中送炭的权宜之计。因此，相关的教育部门要建立送教下乡的长效机制，要让送教下乡成为提高乡村教育质量的有效方式，形成教师教育教师的重要渠道，就必须使送教下乡活动规范化和制度化，建立起相关部门对送教下乡活动进行专门的管理，有专门的经费支出，建设起相对稳定的师资队伍，才能使送教下乡活动得到长期的开展，保证送教下乡活动的持久性。相关的教育部门可以把送教下乡活动作为研究的课题，组织相关专家对送教下乡的机制、送教下乡活动的效率、送教下乡的辐射范围以及送教下乡的师资队伍建设等方面的内容进行细致的研究，以此为指导送教下乡活动的开展。

（三）组建好送教下乡的队伍

一支多层次、高水平和多领域的送教教师队伍是送教下乡活动质量的保证、是送教下乡活动常青的保证，也是送教下乡活动"灵魂"之所在。因此，送教下乡活动组织将机构要明确的对送教下乡教师的资格条件进行规定，明确送教教师的权利和义务，送教时间和次数，可以建立一套完善的激励政策，通过评优晋级和适当的金钱奖励，激励更多优秀的教师参与到送教下乡的队伍建设中来。让送教下乡的教师对每次送教活动进行总结，送教教师们积极的探讨，总结经验，使其他送教教师吸取；同时，找出在送教活动中遇到的问题，分析找出解决问题的

办法，提高送教下乡活动的质量。

学习是一个永恒的话题，送教组织机构要明白这一点，要注重对送教教师的培养，派老师去及时"充电"，吸取先进的思想，解说新的理念，新的思维，新的教学方法，做到与时俱进。通过学习，进一步提高送教教师的教学能力和专业素养，把送教队伍打造成一只"过硬"的专家队伍。

同时，送教教师要树立终身学习的思想，自己通过培训、借助互联网进行自主学习，不断地提高自己，送教教师只有提高自身的专业知识水平才能更好地把先进理念通过送教下乡活动传播给乡村的教师。

（四）通过多种形式开展送教下乡活动

送教下乡活动要注重形式，通过不同的形式可以吸引乡村教师，提起乡村教师学习的兴趣。开展送教下乡活动的活动新式有很多，总结起来有以下六种：

第一种形式是参与式。即送教教师在乡村学习对乡村教师进行示范讲课，并进行说课、评课和讲座，让乡村教师作为"学生"进行听课。第二种是参与式，也可以叫作体验式，就是让听课教师和送教教师一块参与课堂教学，然后进行总结，找出问题所在并给予解决。第三种是融汇式，即共同上一节课，在课中进行互动，共同对这堂课进行分析探讨。第四种方式是沙龙式，送教教师作为主持，让每个参与教师进行积极发言。就存在的问题进行讨论，给出指导意见。第五种方式是采用跟踪式，即每位送教老师和乡村老师进行一一对应，由送教老师对乡村老师进行教学跟踪。第六种方式是反思式，即要求听课的老师在听课以后，写一篇总结，说出自己的感想以及在以后工作中的改进意见。

送教下乡活动给乡村教师带去了新思想、新观念，有助于乡村教师掌握新的教学方法和新的教学技巧，同时送教老师要根据乡村教师的实际情况，切实解决好送什么、怎么送的问题，加大对送教活动的宣传，提高送教活动的影响力，使更多的教师参与到送教下乡活动的队伍建设中来。

二、国培送教下乡内容思考

"送教下乡"是校际间、区域间进行的一种有效教研活动，其实质是对乡村教师教育理念与教育技术的指导与扶贫。开展优秀教师、骨干教师、名师"送教下乡"是全面贯彻落实党的十七大报告提出的"优先发展教育，建设人力资源强国"的教育战略思想的重要举措，有效缩小城乡之间教育发展差距，加强城乡教师交流与沟通，它不仅能为广大农村地区教师送去先进教育理念、新知识、新方法，还可以锻炼骨干教师、名师、优秀教师的自身实践能力，同时，还可以增强广大教师"教育强国"的思想意识，推动区域教育均衡发展。

但目前的"送教下乡"活动多存在形式单一、任务式突出、效果不明显等问题，形式单一主要表现为仅依托"送课"形式来组织活动，任务式主要表现为"为完成任务而组织活动"。鉴于这两种情况长期存在，送教下乡活动效果多不明显，甚至非常不明显。

那么，送教下乡，如何才能真正取得实效呢？

第一，送什么。送教下乡，必须先深入送教的接受方进行调研，弄清楚接受方的教育需求及要求。唯有如此，送教内容才能真正得到受教方教师欢迎。当前，每所学校或每个教育区域所需要的教育扶促项目或内容多不相同。有的学校缺少先进教育理念，有的学校虽有先进教育理念，但缺乏具体操作技术，有的学校则可能既缺乏先进教育理念，又缺乏操作技术。为此，笔者觉得，送教方在送教之前必须对受教方进行调研，以了解其具体教育需求。不经调研，盲目地"送课"，多会造成"送的"不是受教学校教师"想要的"。在这种情况下，送教方只能达到形式上完成"送教"任务的目的，真正的"送教"目的或效果很可能达不到。

"送教下乡"关键是送教育理念及教育技术。教育理念是教学的指导思想，也是教育的灵魂，对提高教育教学质量起着决定性作用。因此，向受教教师传递先进教育理念及教育技术应该成为"送教下乡"的主要目的。先进的教育理念如何实现有效传递，这是非常重要的问题，也是非常关键的问题。笔者觉得，通过开设示范课或观摩课的形式，并辅以讲座加以诠释，可使受教者完全理解送教者所要传达的理念与思想，也可让其学会教育技术的具体操作方法与技巧。如果"送教下乡"仅以课的形式"送教"，则很难达到"送教"的根本目的。"送教下乡"重点是送教学经验与教育技术。笔者觉得，当前，农村学校缺乏的不只是教学硬件，最缺乏的是具有较高教学水平与教育技能的教师。要有效解决这一突出问题，教育主管部门或教研部门可依托"送教下乡"这一平台来逐步解决。在送教活动中，送教者应结合自身教育实践或案例，并从教育技术层面加以诠释，这样才能有效解决这一突出问题。

第二，怎么送。为真正达到"送教下乡"活动初衷，笔者觉得，可以采用如下方式：

1. 开设示范课、观摩课。送教者接受送教任务后，必须精心准备，反复酝酿各个教学环节及贯穿其中的教学理念。在课堂教学中要广泛营造民主、和谐的教学氛围，要把培养和发展学生终身学习能力的"研究性学习"贯穿于教学始终，并作为教学的终极目标，要真正为乡村教师送去解决问题的有效方法或途径。

2. 开设业务讲座。课讲授完毕，不能视为送教活动结束。授课只是送教活动的一个环节，完整的送教活动，笔者认为，必须包括理念与技术的诠释。以案例诠释理念与技术是最为有效的送教形式。示范课、观摩课，虽具有直观性和可模仿性的特点，但它所带给听课者的只是停留在感性认识，如果我们对课堂上新方法、新理念不加以诠释或提示，听课者则有可能会形成云里雾里的感觉。所以，示范课、观摩课需配以专题讲座或深度评课，这样，才能有助于听课教师对教学理念和教学方法的内化，使之从感性认识上升至理性认识。

3. 持续或定期开展送教下乡活动。一次送教下乡，不可能一下子解决乡村教师许多问题。另外，随着时代的发展，乡村教师的教育理念与教学技术仍有可能与城镇教师有所差距。因此，送教下乡应持续、定期开展。唯有做到如此，才有可能改变乡村薄弱学校与城镇学校之间的教育技术差距，实现城乡教师教育技术与理念均衡发展。

第三，由谁送。"送教下乡"必须精选一些思想作风正派、教学经验丰富、教学水平较高、能将自己教学技术与理念诠释清楚、一线教师公认的优秀教师承担送教任务，而非名义上是骨干教师、名师、优秀教师，实际能力却很一般的所谓骨干教师、名师、优秀教师。送教，不能简单地理解为送课。当前，有些送教组织者多认为送教活动就是送课。送教应包括送课及授课理念、教学技术等完整的诠释。当前的骨干教师、名师遍地都是，活动组织者一定要甄别清楚，选对选好送教者。否则，送教活动的真正目的难以达到。

总的来讲，"送教下乡"是一种利己又利人、利校又利国的有效教研活动。鉴于此，笔者认为，当下，各级教研及教育主管部门应认真、做实、做深这项工作，要务求实效，不能走秀。组织者要提前规划，精细组织，做到以受教方教育需求确定送教内容，以送教内容选拔送教人，绝不能以骨干教师、名师或其他优秀教师的专长确定送教内容或盲目送教。活动结束，要认真总结与反思活动取得的成效与存在的不足。乡村学校及教师要积极、主动联系教研主管部门或单位，要变上级主动"送教"为乡村教师主动"要教"。唯有做到如此，送教内容才真正具有针对性，活动才能有效果，或效果才能更大些。

第五节　国培计划送教下乡培训课程概念

一、国培计划送教下乡培训课程概念

"课程"一词在我国始见于唐宋期间。唐朝孔颖达为《诗经·小雅·巧言》中"奕奕寝庙，君子作之"句作疏："维护课程，必君子监之，乃依法制。"但这里课程的含义与我们今天所用之意相去甚远。宋代朱熹在《朱子全书·论学》中多次提及课程，如"宽着期限，紧着课程""小立课程，大作工夫"等。虽然他对这里的"课程"没有明确界定，但含义是很清楚的，即指功课及其进程。这里的"课程"仅仅指学习内容的安排次序和规定，没有涉及教学方面的要求，因此称为"学程"更为准确。到了近代，由于班级授课制的施行，赫尔巴特学派"五段教学法"的引入，人们开始关注教学的程序及设计，于是课程的含义从"学程"变成了"教程"。解放以后，由于凯洛夫教育学的影响，到 20 世纪 80 年代中期以前，"课程"一词很少出现。

课程是指受众群体所应学习的学科总和及其进程与安排。课程是对教育的目标、教学内容、教学活动方式的规划和设计，是教学计划、教学大纲等诸多方面实施过程的总和。广义的课程是指，学校为实现培养目标而选择的教育内容及其进程的总和，它包括老师所教授的各门学科和有目的、有计划的教育活动。狭义的课程是指某一门学科。这在这一方面，无论是学科课程还是培训课程都是如此的。

这些"课程"在内容上各有不同，但在本质上是对教育内容的具体安排，当前国培计划送教下乡培训如火如荼，那么国培计划送教下乡培训课程在概念上是如何定义的，到底与其培训课程有何不同呢？众所周知，培训课程即是以实现培训目标为选择的培训内容的综合表现，与传统教育学科课程相较，培训课程的功利性以及针对性更为突出，其目标表现在能够尽量在短期内将培训内容转化为工作绩效。在本质上送教下乡培训课程也是属于这一范畴的。

送教下乡培训的乡村教师培训课程所面对的受众对象是乡村教师，其培训课

程本身就是教师自身提升的一种重要方式，是培训教育存在的基本依据，是实现教师培训教学目的根本保障，是培训过程中一切培训教学活动的中介，也是送培团队与受众乡村教师联系的纽带。同时，这还体现着培训监管对于教师工作的监督与评价的标准与依据，此外培训课程的合理安排更是实现教师培训、培养新时期乡村教师的保证。

综上所述，国培送教下乡培训课程的定义可以看作以针对乡村教师并依据其自身教学现状转变为目的而进行的针对性培训内容的总和与安排。

二、国培计划送教下乡培训课程设计开发规律

（一）培训课程设计和开发的策划

一般来说，送教下乡培训机构团队在不同的时期，根据培训对象的具体情况，开设相应的培训课程。培训组织者在进行培训课程设计和开发的策划时，应考虑以下方面：

划分教师培训课程设计和开发阶段。在一般情况下，可将其划分为以下 5 个阶段：

立项。送教下乡培训团队根据教师所遭遇的实际情况与教学困境，以及国家对于乡村教师总和发展与乡村教育发展的需要，提出设计和开发培训课程的项目建议书。其主要内容应包括培训课程的名称、受训对象、培训的目标、教学需要和发展前景、需要配置的资源等。项目建议书应经过评审并得到批准。

制定培训教学大纲。送教下乡培训实施者应确定培训课程设计和开发负责人，由其主持制定培训课程的教学大纲。大纲主要内容应包括教学的目标、范围、内容、学时、考核方法、需要配置的资源等，培训教学大纲应经过评审并得到批准。

编写教材。由培训课程设计和开发负责人根据教学大纲组织教师或专家编写有关教材，编写的所有教材应经过评审并得到批准。

试讲。为保证课程设计满足培训输入的要求，适用时可以请教师试讲编写的教材。通过试讲发现问题，必要时更改教材，以完善课程设计的输出文件。

首次开班。每开设一个新的课程，都涉及首次开班。通过乡村培训课程的实际运行，培训组织者、教师、学员对输出文件提出使用意见。经过收集、整理这些意见，培训机构邀请专家对该课程进行确认。

（二）培训课程设计和开发的输入、输出

送教下乡培训团队应根据培训课程的立项要求，由课程设计负责人提出总要求，并召集教师、专家进行讨论，确定课程设计的输入内容。课程设计的输入主要包括(不限于此)以下内容: 课程的目标; 教学的要求; 对确定培训对象的要求; 乡村教育的需求; 以往培训的经验等。

根据不同的课程输入内容，由课程设计负责人组织编写课程设计任务书并进行评审，以保证其内容充分、适宜、完整、清楚，并适应培训机构的教学条件。课程设计任务书可以作为课程设计和开发策划的一部分。

输出方式因课程内容的不同而不同，但必须满足课程设计输入的要求，并具有可验证性。课程设计输出文件对整个教学过程具有指导作用，发放前必须经过批准。

课程设计和开发的输出文件至少应包括以下几个方面：教学大纲；课程表；学员手册；教师手册；练习题、小测验和案例；模拟试卷；教学过程所需的仪器、设备和场地等辅助设施。

（三）培训课程设计和开发的评审、验证、确认

1. 培训课程设计和开发的评审

送教下乡培训组织者应根据培训课程设计和开发计划的安排，适时组织专家、教师、培训课程设计开发人员，采用会议或会签等形式对培训课程设计和开发输出文件的一部分或几部分进行系统的评审。

评审的目的是：保证培训课程设计和开发的输出具有满足乡村教师教育要求的能力；及时识别设计和开发各阶段存在的问题，并采取措施加以解决。

评审的内容因评审对象的不同而不同。对评审中产生的问题，送教下乡培训组织者要责成有关部门采取有效的措施，以满足培训课程设计和开发的要求。应保存评审的结果及采取措施的记录。

2. 培训课程设计和开发的验证

根据培训课程设计和开发的特点，培训组织者采取的验证方式一般是：在设计输出文件发布前，组织有资格的专家、教师对该文件进行研讨或试讲，也可以由上级主管部门组织观摩教学并进行审批。

对验证过程中发现的问题，应由责任部门采取措施，以满足设计输入的要求，并保存验证的结果和采取措施的记录。如果设计和开发的培训课程验证合格，培

训团队可以按照教学过程策划的结果推荐乡村教师参加培训，进行首次开班。

3.培训课程设计和开发的确认

培训课程设计和开发的确认，一般通过首次开班、现场观摩教学、顾客反馈信息等方式实现。当确认的结果不能满足规定的要求时，送教下乡培训团队应根据确认的意见采取有效的措施，并保存确认结果和采取措施的记录。

（四）培训课程设计和开发的更改

经确认后的培训课程设计和开发的全部输出文件应归档管理。当出现乡村教师教学要求变化、乡村教师需求变化、教师在使用文件过程中发现不适用等情况时，培训团队可以更改文件。

更改文件时，由责任部门提出申请并确定更改的方式。更改的方式可以是以下一种或几种：组织有资格的专家、教师进行研讨；试讲或首次开班观摩教学；领导批准等。更改课程时，需要评价更改对该课程的设计输出文件和已提交课程培训的影响。更改后，应由责任部门对更改的过程做出说明。更改评审结果和采取措施的记录应予保存。

第二章　送教下乡培训及课程设置现状

　　"国培计划"送教下乡是针对乡村教师技能与思想上的综合培训，其目的性简单直接，这就直接要求在送教下乡培训课程的构建上需要具有极强的针对性，相对于城市教师所遇到的复杂情况而言，乡村教师在教学中所遇到的情况同样显得复杂而急迫，尽管具体问题有所差异，但在本质上一样是制约教育平衡的重要阻碍，由于乡村教育环境的"简陋"，更加影响了农村教育的发展。乡村教师作为农村教育的直接执行者，这一群体的综合素质水平直接影响教学水平，因此针对于此的送教下乡培训就显得十分必要了，而且也是迫在眉睫的。

　　送教下乡培训课程是直接影响乡村教师培训水平的重要因素，要进行合理地培训课程设置就必须了解当前送教下乡课程设置的现状，从而对症下药找到解决的方案并设计出合理的优秀的培训课程。目前对于乡村教师的送教下乡培训课程设置呈现出多而杂的尴尬局面，在国家推广的大环境下送培团队一股脑地将各类培训内容硬生生地传递给乡村教师，不分类别，不论实际，显得相当凌乱。此外，在定位上也显得不甚明确，缺乏对于乡村教育的针对性，加之对于乡村教师的培训不具备持续性等一些列问题，都是目前需要认知与研究的，务必从现状进行思考才能解决问题。

第一节　定位不明确的培训与课程

"国培计划"送教下乡所针对的是中西部中小学教师与骨干教师的提升培训，其培训对直指乡村教师，但在实际培训中，送培的组织与培训的执行中都或多或少地存在着定位不明的情况，这种情况无论是在培训内容与课程设置上都表现明显。我们知道，送教下乡的培训内容与课程设置是相辅相成的，培训内容是培训课程设置的根据，而培训课程的设置又是培训内容的体现与综合规划，因此无论是培训内容还是培训课程的设置都必须做到定位明确，但目前这一点显然是没有得到体现。

众所周知，乡村教师是我国乡村教育事业的主要承担者，乡村教师培训是促进乡村教师专业成长、提高乡村教师素质、推进乡村学校教育改革发展的重要途径，这也是"国培计划"送教下乡的目的所在。乡村教师培训不仅关系到乡村教师自身的专业成长与发展，更关系着乡村基础教育改革的成败及教育质量的高低。由此可见乡村教师对于乡村教育发展与国家教育推进的重要性，因此对于其综合素质的提升既是教育发展的任务也是时代发展的需求。由于乡村教师在教育中的重要作用也十分明确地表明了乡村教师在教育中的地位，同时也明确了乡村教师在送教下乡培训中所体现的主体地位，这一定位也必然成为送教下乡培训课程设置的重要因素。

由于农村在地域上长期受交通地理条件等因素影响，造成我国城乡发展不平衡，乡村学校优质资源配置不足也就显得尤为明显，同时这样的情况无疑使得乡村教师岗位吸引力变得不具诱惑性，乡村教育使命也就变得不强，加之乡村教师队伍结构不尽合理等情况都在根本上为国培送教下乡的乡村教师培训展现了一个十分复杂的受训对象，这无疑使乡村教师培训的课程设置显得更为困难与重要。

从上述的情况看出了乡村教师与城市教师的不同之处，其培训也显得尤为复杂，但尽管如此，乡村教师的主体地位是不变的，就目前的送教下乡培训在这一方面却没有进行相应的细致分析，而是一概而论的乡村教师培训，这样定位不明确的培训与课程设置，很大程度上使得送教下乡流于表面，无法解决乡村教师在教学过程所遭遇的实际问题，自然导致乡村教师对送教下乡培训失去了原有的期望与信心。

整体相对而言，乡村教师专业学习资源匮乏，知识结构不够完善，学科视野不够宽广，自己对自己的期望值不高，进取心不强，致使乡村教师整体素质不高。为此，2015 年国家出台的《乡村教师支持计划 (2015 — 2020 年)》明确提出，要把乡村教师队伍建设摆在优先发展的战略地位，必须进一步加强乡村教师培训力度，提高培训的针对性和有效性。《乡村教师支持计划》的实施，无疑是自上而下地改变了各阶层对于乡村教师的认知与前景判断。同时也很大程度地改变了乡村教师的教育思想与教学理念，从政策制度上明确了乡村教师在乡村教育的主导性定位。此外，对于中西部乡村教师培训计划——国培计划的实施，也看到了国家对于乡村教师这一群体的重视。尽管政策制度都体现出对于乡村教师倾斜性，但由于乡村教育的特殊情况，在实际送教下乡的过程中依然出现不少问题。由于这是自上而下的送教培训，在培训过程中送培团队以及课程设置者对于农村教育的认知不足，从而对于培训主体的乡村教师的定位也变得不明确，因此也无法更好地对乡村教师进行有效培训，这自然是提升乡村教师综合素质，发展乡村教育一大阻碍。

从本质上讲，"国培计划"送教下乡是一个针对乡村教师的培训，那么就要达到培训的直接目的与期望。我们知道一个培训项目的、培训目标的确定在一定意义上决定着这个培训活动的内容和形式，以及培训的效果，所表现出来的就是培训内容与培训课程的设置。切合培训对象的培训目标的制定是保证培训有效性的重要前提。之前的送教下乡培训是统一性的，虽然是根据地域性的不同而进行的，尽管地域不同但在培训的形式与课程设置上实则大同小异，仅仅是在统一的基础上稍做修改。过去我们的培训都是区域性一盘棋的做法，其送教下乡培训目标设计大多没有结合乡村教师基本情况进行标准化的制定。但就实际情况而言，其培训突出表现是，忽视乡村教师教学环境的特殊性。例如，在我们的访谈调查中发砚，当前乡村学校面临的一个严重问题是留守儿童问题。乡村教师需要的不仅仅是如何传授知识的教学技能，更为需要的是如何有效地管理这些孩子的培训指导，如何对他们进行心理辅导教育，这就给送教下乡的调研者、送培团队以及培训课程设置队伍提出新的要求，在教学技能与教学思想培训的同时，还要针对乡村教师的特殊情况进行多方位的有类别的实用性针对性的课程设置与内容培训。

在国培送教下乡对乡村教师培训之前也有一些地区组织的教师培训教育活

动，这些培训几乎是任务式培训或者是应对式的杂论无章的培训，而针对乡村教师专门培训的送教下乡在具体的执行中也存有大一统现象，忽视乡村教师个体需求之间的差异和不同发展阶段的教师对培训的不同要求；忽视不同年龄或教龄、不同职称级别的教师在对培养目标的期待方面存在的显著差异。在我们的调研中发现，乡村教师存在两极化：一部分教师是"民师转正"，他们教龄相对较长、年龄较大、参训意愿不强；一部分教师是近年来补充进来的年轻教师，他们都是三级师范向二级师范转变后培养的师范生，专业性强，缺乏课堂教学基本功培养，缺乏在乡村学校教学应具备的全科教学能力。在这种忽视不同层次的乡村教师培训需求的情况下制定的培训目标相对来说都存在定位不明问题，而只有培训目标定位准确，才有可能制订出合适的培训方案、得到良好的培训效果。

综上所述，当前的国培送教下乡无论是在培训课程的内容上还是培训课程的设置上都存在着大一统的迹象，尽管在实际的送教下乡教师培训上各类课程五花八门，繁花无数，但再仔细分析发现这些课程的使用不是其他培训的照搬，就是想当然的设计。不仅没有相应的类别分类，在适用性与使用上都存在不切实际的情况。以上的这些情况都是送教下乡培训对于乡村教师的认知不足导致的。课程设置与内容安排上没有从实际上分析乡村教师与乡村教育的特殊性，从而将培训对象，也就是乡村教师的定位标定错误，导致送教下乡乡村教师培训的培训课程设置与培训内容的设计都出现了偏差。笔者认为，对于乡村教师的定位应该做到细致的分析，首先乡村教师应该作为乡村教育的主要执行者，这就是说要从教学思想、教学理念以及教学手段入手；其次乡村教师是文化传播者是乡村学生的眼睛，因此这就要求教师能够将乡村家庭、学生、外界社会以及知识串联起来，这就是对于针对性能力的培训。由此可见，始终是要明确送教下乡培训对象（乡村教师）的定位，才能使得送教下乡的培训课程设置与培训内容的设计变得合理与优质。

第二节　过分重视理论的培训与课程设置

教育理论与教学理念是指导教学行为的根本所在，在农村，由于地域与经济发展的不均衡性，要求乡村教师具备针对性的教育理论与教学理念，但在实际的送教下乡教师培训过程中这一培训理念却表现出了过度的体现，这无疑变得"假大空"，对于乡村教师的实际问题无法做出有效的解决，对于送教下乡教师培训目的的实现也是一种阻碍。当前的送教下乡在培训理念上过度强调宏观理论和理念灌输的现状令人担忧，对于这一现状的分析与研究也成为解决这一问题的关键。

长期以来，我国教师技能的培训和发展教育都是作为教育行政部门的一项行政工作，主要依靠各种行政计划来组织安排各级各类教师教育课程。这种情况在城区由于城市教育理念的先进性，所造成的影响相对较小，但在乡村就具有极大的影响，这是由于农村的经济不发达，致使教育没有得到全面的支持或者是心有余而力不足，加之乡村教师构成不均衡，人员素质不一，对先进教学理论与理念的认知不足，这一系列的问题都造成了乡村教师的培训得不到具体的有效的实施，更多的是教育行政部门的行政工作。这种政府主导型的乡村教师培养模式尽管有利于对接受教育的教师的统一管理，也对教师数量的增加和质量的提高发挥了重要的作用。但是在当今市场经济体制下日益凸显出一些问题，主要表现在：各级各类教师进修院校垄断了中小学教师的继续教育，缺乏必要的市场竞争，运行机制基本上还是沿用计划经济时代的做法，各种教育活动主要依靠行政命令和计划进行，职后教育机构缺乏市场意识，质量意识和服务意识、形式主义严重、不重视实际效果等。这些形式主义更多地表现在对于宏观理念与理论的灌输，而对于乡村教师的实际境遇与困难于事无补。而这些问题的存在，必然影响师资培训的质量，也不利于新课程改革的进一步推进。

目前"国培计划"送教下乡对于乡村教师的培训课程也存在同样的问题。"国培计划"送教下乡培训的课程设置与内容设计都是由专家自上而下进行的，这其中的调研工作是否具备真实性与针对性，并没有得到实践。此外由于地区性教育行政部门的干预，致使在实际的送教下乡教师培训中过多地对于先进教学理念与教学理论进行培训，也以此进行培训课程的设置，这在很大程度上伤害了乡村教师提升自我的积极性,同时也没有根据农村的实际情况设置课程与设计培训内容,在这种情况下自然也就谈不上解决乡村教师遇到的实际教学问题与困难了。

"国培计划"送教下乡是针对乡村教师的培训,其课程的设置与内容的设计都是目标明确的,这与新课标方案要求是一致的,但由于乡村教育的特殊性,也不仅仅是培训新课程的方案要求。新课程方案中提出了三位一体的教学目标,即教学过程要体现知识与技能、过程与方法、情感态度与价值观等方面的基本要求。虽然这是对中小学教师提出的要求,但笔者认为作为送教下乡培训教师的专家学者,在对中小学教师进行培训时也必须做到三位一体的要求。只有这样,参训教师才能全面理解新课程,理解乡村教师现状问题的解决方案。然而,在实际的送教下乡培训过程中,许多培训教师仍然重复着"昨天的故事",依然按照理论设想告诉教师应该如何做和应该如何说,即所谓的"方案化""理论化"的送教下乡教师培训。

这种送教下乡培训只是形式的一种体现,不仅不能使教师生成基于情景的理解力和创造力,还无法使受训的乡村教师体会专业的内涵,而这种理解力和创造力正是他们处理课堂事件或各种不同背景的学生所必需的。当前的送教下乡教师培训往往只注重新课程理念以及先进的教学理论的灌输,把乡村教师简单地看作接受新课程的容器,一味依照课程教学即可,而忽视教师对教学与实际教育文意的态度和价值观的培训。就新课程而言,就有调查显示:只有9%的教师对实施新课程很热情,较热情的占34%,表示冷淡的竟达49%,8%的教师表示反对。这种调查虽不太准确,但从一定意义上说明了教师对新课程的态度。以此类推,送教下乡培训也是如此,教师培训的结果往往是教师对乡村教育的理论说起来头头是道,做起来却依然如故。

从理论上讲,先进的教育理论与教学理念对于乡村教师而言,虽说是充满活力和蓬勃的朝气,但如果送教下乡乡村教师培训不能把教学理论与理念的这种活力或朝气与现实有机地结合,如果教师培训没有使广大教师真诚、热情地投入到乡村教育变革当中,那么,送教下乡的乡村教师培训的结果很难说是成功的。大部分教师认为送教下乡对乡村教师自我综合素质的提升具有巨大的推动作用,这种观点说起来有道理,但在实践中很难切实推行。另外,送教下乡教师培训过于注重理论也是导致参训教师不愿意听课的一个重要原因。

在实际的送教下乡培训过程中,许多培训者不断重复以往的培训,送培团队依然按照理论设想告诉受训的乡村教师应该如何做和应该如何说，这种流水线式的培训，完全变成了方案化。过度的宏观理论与理念的培训使得送教下乡的乡村教师培训的课程设置与内容设计缺失定位与针对性，这是当前的一大重要的缺点。

我国现行的送教下乡的乡村教师培训的内容大多比较陈旧，尽管近年来有所改变，加入了许多先进的教学手段，但依旧偏于理论化，与乡村教师教学的实际相脱离，这在一定的程度上影响了农村教师接受培训提升自身教学技能以及解决实际困难的积极性，同时这种现状也不利于师资培训质量的提高。相关调查表明，北京、河南、宁夏地区"有五分之一（23.85%）的教师认为，培训内容陈旧，不适应时代发展的要求。""越是经济相对发达的地区，认为'培训内容陈旧'的比例越高（31.48%）。"经济发达区域的教师培训尚且如此，那么对于乡村教育的送教下乡这一现状更加明显，对于理论化的培训只是在意任务的完成，抛弃了原有的送教下乡目的与期望。与此同时，不少送教下乡教师培训课程的设置与内容的设计专家与学者发现了这样的情况：依旧热衷于理论化的培训。其原因在于乡村教育的独特性，在实际教育过程中乡村教师所遇到的困难已经由时代的发展而变得多元化，不仅仅只是课堂教学所遇到的困境，还包括学生生活、心理以及乡村教师自身等多方面的问题。从理论方面进行指导的培训，能够从思想上引导乡村教师解决问题。笔者认为这样的培训理念无疑是偏激且不负责的。

在送教下乡乡村教师的培训课程的设计与内容设计上理论课程相对过剩，而对于乡村教师的教学实践课程与心理课程严重不足。一直以来，我国乡村教师综合素质培养基本上沿用了普通教育师资模式，多采用简单叠加的形式，以专业课程为主，加入若干教育类课程，即成为职教教师教育专业。当代课程论的一个重要观点就是强调实践性、注重选择性，实践性和选择性对于职业教育来说显得更为重要，送教下乡培训也是如此，要求送培团队对于乡村教师的课程设置具备实用性与有效性。乡村教师应具备很强的动手实践能力，以便指导学生开展技能训练和实训活动，同时送教下乡课程的设置与内容的设计也应该具备多样性与易变的调整性，这样的课程设置与内容设计其根本是乡村教学的实际需求。与此相应，送教下乡乡村教师教育专业的课程必须加大实践课程的比重，增加实际课程。根据乡村教育的特殊性，参照送教优秀地区以及各阶层教师培训培养经验。笔者认为理论课程的设置是必须的，但理论课程的设置应该保持在总课程的百分之五到百分之十，把更多的课程放到实际实践课程以及提问式课程上，以这样的课程设置与内容设计才能有效地提升乡村教师自身综合素质与解决实际问题的能力，从而推动送教下乡的推广。

第三节　缺乏针对性与持续性的培训课程设置

一、缺乏针对性的培训与课程设置

"头痛医头，脚痛医脚！"这是很多对西医质量方式的评价，在这一方面是又是偏颇的，也是不科学的。但这句话在一定程度上揭示了做事针对性的规律。当前，无论是自发的乡村教师培训，还是由地区教育部门所组织的以及学校之间的教师交流不少都是流于表面，大谈教育问题，然后就成了教师另类的聚会，整个培训的积极性不高，所得到的成果也就说不上什么优秀了。

就目前的送教下乡现状而言，在针对性上表现得也并不明显。送教下乡的执行由于送教的区域差异，课程的设置与内容的设计从理论上上说不应该是统一的，而应该是多样化的，针对于本地区的实际乡村教育情况的，地区之间的送教下乡教师培训课程设置与内容设计可以相互借鉴，但归根到底还是要具备送教区域的独特性，这是由地区教育实际情况决定的。由此可知，针对性对于送教下乡的乡村教师培训以及培训课程与内容设置的重要性。笔者认为，送教下乡培训的针对性应该表现教师、教学、心理、学生等几个方面，这其中细分下来，可以分为乡村教师的教育理念、教学理论、教学技能、学生心理分析、学生生活、学生家庭关系、学生学习方式等一系列的角度（列举，并不完全），这些培训内容的针对性都是乡村教师所面对的实际教学问题，而这些内容也直接影响着送教下乡教师培训课程的设置，甚至对于培训课程的设置圈定了范围。

笔者对一些参与"国培"送教下乡的乡村教师进行相应的访谈与问卷也发现针对性问题的情况。在访谈中有教师反映："可以说我是我们学校的培训'专业户'，参加过不少大大小小、种类繁杂的培训，都是上级有关部门为了完成任务而组织的一些培训，但真正满足我们的实际需要而有助于系统提高我们教育教学水平的培训很少。" 从这一方面，也反映出来当前送教下乡的一些实际问题，参与送教下乡培训的教师无法从培训课程得到自己需要的知识以及解决当前问题的方法，更无法提升乡村教师的教育教学水平，更不要说推动乡村教学的发展，这些情况无疑都说明了在送教下乡的过程中一些送培团队没有做到针对性的培训对象调研、培训课程设置与培训内容的设计，缺少针对性的送教下乡教师培训无疑是走走过场、教育表演，这与送教下乡的最初目的也是背道而驰的。

过去我们在组织乡村教师培训时，为了提升培训档次或是为了提高教师参训意愿，多聘请一些大学和研究机构里的专家进行授课，虽然这些专家专业水平很高，但对于乡村教学的情况却可能知之不多，培训内容多注重从宏观上对理论的讲解，大多专家只是以自己比较熟悉的当前学校教学状况为依据来设计培训内容，而这些所谓的熟悉的状况恰恰多是关于城区学校的。即使送培团队是当地城区的先进优秀教师或骨干教师，这样组成的送培团队所培训的内容多也是自己所遇到的教学状况，教学设施、教学环境、教学理念、教学基础都与乡村不同，尽管在一定程度上有契合度，但在根本上依旧差异明显，且不论培训的课程设置与内容设计是否具有针对性，就是有针对性，但所提出的方案对于乡村教师的实际困难的解决是否具有实用性与有效性依旧是有待商榷的。

在访谈调查中发现，乡村学校里的学生大多学习习惯差、学习缺乏自主性和自信心，迫切希望得到关于乡村学校学生学习习惯与学习态度方面的具体可操作的方法培训。而这些现状都应该成为送教下乡针对性的体现，以及乡村教师培训课程设置的根据。当然，乡村教学的问题不仅仅是当前这些，甚至可以说每一个乡村都是一个独特的个体，把握针对性的深浅程度无疑也是一个重要的课题，因为要做到一一对应的个性化的有针对性的培训课程与内容设置在目前来说是不现实的，但把握针对性的适量程度，进行合理的乡村教师培训课程设置与内容设计却是及其必要的。

二、缺乏持续性的培训与课程设置

"国培计划"送教下乡是大型的针对中小学教师、中西部骨干教师以及乡村教师的职业培训。这不是"一竿子买卖"，而应具有持续性的特点。从短期培训来看，短期的培训只能解决当时出现的一些问题以及一些特定教学技能的培训，这是不全面的。要知道，乡村教学的问题复杂多变，在实际的教学过程中，会因为时代的发展、经济的发展以及教学水平的改变等一系列主客观因素，不停地出现问题和困境，这也要求乡村教师培训不能是短期的事实，而需要做到持续，只有这样才能做到乡村教育教学水平的改变，促进教育均衡发展。从长期发展来看，短期的教师培训只能是当前重大问题的解决，无法从根本上影响教师，改变教师，从而提升教学水平。同时，长期的乡村教师培训能够使得教师培训的课程与内容形成一个较为完善的体系，并且在长期的培训过程中，受训乡村教师可以不断地提出自己在教学过程中遇到的新问题，以此来进行乡村教师培训的材料收集与调研，做到更好地对乡村教师的培训课程与内容的设置。综上所述，无论是教师培训还是"国培计划"送教下乡这样的乡村教师培训都应该具备其持续性特点，但当前的现状却并非如此，恰恰是"一锤子买卖"，这无疑阻碍了送教下乡的推广。

送教下乡培训项目或培训主题往往是不同项目负责人根据自己的经验和判断进行设计的，忽视乡村教师发展是一个长期的持续贯穿教师生涯的过程，导致培训内容与培训课程设置较为松散，缺乏系统性、整体性思考和连贯性，这种情况的直接影响就是每次教师培训都变成独立的，与先前已有的培训缺乏关联和呼应。此外也会出现因为培训人员的不同造成培训内容重复与相似的情况。正是因为培训目标定位不明确，导致培训内容设计缺乏针对性和连续性，使得培训内容难以满足乡村教师教学实践的需求，达不到帮助教师解决实际问题的目的，其结果最终导致乡村教师在实际培训中"培非所用"，乡村教师参训效能感差，参训积极性低。

出现乡村教师培训不具持续性特点的原因还主要表现在远程学习监管不严，学员厌学情绪较浓。远程学习是现代培训中教育部倡导的一种重要的培训方式，也是送教下乡培训的监管方式，对于解决工学矛盾、提高培训效率、共享培训资源，有着非常重要的补充作用。但由于监管不严，不少教师在远程学习过程中投机取巧、敷衍应付。有的在学习中"偷梁换柱"，学员本人不登录平台学习课程，请人代学替考；有的出工不出力，为学时而学习，把挣学分当作学习任务；还有的学习作业敷衍，当垃圾信息的搬运工，直接复制别人的答案，如此等等，反映出在远程学习背景下，教师的厌学情绪较重。

要改变全员培训效果不佳的现状，就必须以《中小学幼儿园教师培训课程指导标准（义务教育语文、数学、化学学科教学）》为依据，针对以上情况，采取相应措施。

首先，建立培训项目管理平台，实现培训自助化。送教下乡培训团队要根据《指导标准》，开发培训课程，设计研修项目，在管理平台上公示培训"菜单"。

参训教师要根据自己的学科教学实际情况，自主选择感兴趣的培训科目，真正实现各取所需的"自助餐"式的培训模式，以调动参培学员的学习积极性。

其次，建立培训管理数据库，实现培训机会均等化。要充分发挥大数据的优势，建立每个学校、每个教师的培训学习电子档案，科学安排教师轮训，完成国家规定的每个教师五年一个周期内 360 学时的全员培训任务。数据库要详细记录每个教师参培的时间、地点、学时、内容、效果等，做到眉清目楚、条分缕析，并实行动态管理，可随时调阅查询，督促学校和教师按时参加培训。

最后，建立下乡入校视导制度，实现校本培训有序化。区县教师培训单位，要重心下移，送教到校，对校本培训进行科学指导，达到科学引领、雪中送炭的效果。同时，要建立校本培训申报管理系统，强化科学管理。学校要从管理系统报送校本培训实施计划，及时上传校本培训实施的过程资料，登记教师继续教育学时。培训机构要随时抽查校本培训开展情况，及时通报表扬或者批评，促使校本培训有序开展。

第四节　培训方式单一与评价方式缺失的培训课程设置

一、送教培训方式较为单一

乡村教师由于特殊的教育环境，既要关注教学，又要关注乡村留守儿童的生活与心理等一系列状况，工学矛盾比较突出；加之乡村地区地域偏远、交通不便、教师分散，自主研修也显得懒散成效不高，以学校为阵地的工作岗位研修培训没有得到足够的重视；在"国培计划"送教下乡和省培中，虽然使用先进的教育技术和网络资源，但因乡村教师远程学习条件不够，这些项目多被安排在城区学校，而对于大多数乡村教师的培训多采取面对面的集中培训，主要形式之一就是专题讲座。培训者常以自我为中心，使培训沦为简单的说教或告知，这种单向度的信息传递形式难以调动培训课堂的学习气氛，无法发挥参训教师的主体性和主观能动性，难以有效激发他们的参与意识。

乡村教师培训属于成人继续教育，成人学习在学习背景、学习风格、学习能力、思维方式等方面都存在与未成年学习者的差异，这就决定了在送教下乡乡村教师培训时要选择适合成人学习特点的教学方式，这也是教师培训实践当中的重点和难点。尽管送培团队也在不断尝试不同的培训方式，但也受到各方面条件的限制，"满堂灌"的授课方式仍比较常见。实际上，参加送教下乡培训的教师群体自身就是很好的教学资源。利用教师现成的教学案例，进行研究分析，交流探讨，无疑对受训教师帮助更大，然而不少培训忽视了这一丰富的教学资源。对于教师喜欢的培训方式，笔者的调查结果显示，喜欢程度较高的是案例教学形式，其次是课堂观摩，再次是教研活动。这表明案例教学、课堂观摩和教研活动的培训方式能调动教师培训的积极性，能发挥教师在培训中的主体性。

教师专业培训形式主要包括教师试用期培训、职务培训、小学教师基本功培训、骨干教师培训四种。送教下乡也同样针对这几个方面，除了第一种通常在学校环境中以师徒制的形式进行外，其余三种主要依靠教师培训进行，基本上是自上而下的外接式进修模式。

尽管送教下乡是将培训办到乡村，实际上也是一种集中培训。集中培训注重课堂讲授，可以在短时间内对大量的教师进行培训，比较经济实用。但是，这种方式不利于对教育教学实践中存在的具体问题进行反思和分析，不利于教师将理论、理念融入具体教学，针对性比较差，实践活动少。实践课往往只是走马观花似的集体参观一所或几所学校或听几次公开课等。据调查显示：在专业知识提高方面，63%的教师认为校外培训优于校内培训；而在理论理念融入课程实施的能力方面，78%的教师认为校本培训优于校外培训。所以，随着课程改革的不断深入，笔者认为应该采用灵活多样的培训方式，针对不同地区、不同学校的情况，加强校本培训的力度，提高教师将理论理念融入课堂教学的能力。

另外，一般情况下，送教下乡培训结束后，培训教师与参训教师之间往往缺乏有效的长期的联系机制，这就是培训持续性缺失的体现。

二、送教培训评价方式不具激励性

乡村教师培训评价是对送教下乡教师培训的有效监督和激励。培训评价涉及对培训项目本身的评价、参训教师的评价、培训专家的评价三个方面，在乡村教师培训中，评价工具却没有很好地被利用。

对于参训教师的评价往往只有考勤记录、作业成绩，而这些多流于形式，培训考勤教师往往都会"网开一面"，达不到对参训教师的督促和激励作用，而参训人员提交的作业情况，也难以反馈到培训教师手里，即便反馈到教师手里，也多被束之高阁，达不到应有的评价功能。对于参训教师的培训效果评价倾向于简单的终结性评价，往往培训结业证书拿到手就意味着培训的终结，而对培训实际效果"无人问津"。

对于培训项目本身的评价和培训专家的评价更是缺乏或走过场。一个培训项目结束，谁来对这个培训项目做评价、评价结果如何运用等没有一个正式的评价机构来进行负责，多是象征性地让参训教师填写一个关于培训或各个培训专家的评价表，而评价表多为培训项目负责人拥有，而对项目负责人的评价制约机制没有，对培训专家的评价也难以反馈到专家手里。

从培训的组织者看，目前的培训主要存在两种方式：一是教育行政部门组织的培训；二是一些非正式组织或非业务部门组织的培训或研讨会。

送教下乡乡村教师培训应该是一种有计划、有目的、有步骤的活动，是一种循环的、长期的活动。送教培训的关键是要有针对性。然而，在现实当中，通过行政命令的方式，强行要求教师参加培训。这样的培训往往不能根据培训对象的实际需要制订相应的培训方案，不能选择优秀、对口的授课教师，从而使培训流于形式。在教师培训中，许多参训教师只是报个名(有的甚至连名也不报)，根本就不去听课，最后照样"圆满"地通过培训。这种培训，其实是在"走过场"。

除以上情况外，还出现了集中培训"火"而无"热"、校本培训作秀等现象。

第五节　乡村教师培训形式浅谈

送教下乡的实施在很大程度上提升了乡村教师的综合素质，尽管还存在这样或者那样的问题，就现状而言也并不是特别地落到实处，要了解送教下乡除了要知道送教下乡教师培训的现状外，还需要知道当前农村存在的其他教师培训形式，综合分析现有乡村教师培训现状，这样才能更好地改变送教下乡的误区，从而更好地设置具有针对性、科学性、合理性以及实用性的送教下乡教师培训课程与内容。

笔者通过问卷的形式调查了解参加各级培训的农村中小学校、各层次教师接受送教下乡教师培训的现状，特别是基础教育课程改革以来的教师培训内容、形式、时间、效果等。

由于国家的重视、投入力度的加大，农村中小学特别是中青年教师参加过各类培训的比例达到 80%，培训的形式多种多样，内容也愈加丰富。

培训形式主要包括以下集中形式：

（一）新任教师就职前培训，即新任教师正式上课之前的培训教育

师傅带引式。这种培训主要由指定老教师对新教师进行传、帮、带，帮助其掌握工作技巧，将所学的知识技能用于教学实践。内容通常为听老教师示范课，与老教师一起研究教案和研讨问题等。

集中培训式。集中新任教师进行岗前培训，培训时间长短不一，主要培训内容包括：作为教师应掌握的教育学和教育心理学内容；具体教学指导，课堂教学指导，观摩公开课。这种培训形式有两个优点：培训内容正规，按国家对新教师的要求来培训；学习时间集中，便于教师深钻细学。

（二）以课程为基础的在职培训模式

1. 单科课程培训式。即某一学科的专门知识课程和教育方法课程。其目的是让教师掌握新的教育科学理论和新的教学方法，以及学科发展的新知识。

2. 专业教育课程培训式。也称为补习课程或补充课程培训。它侧重的是学科专业的新知识和应用方面，强调从学科专业教育的角度开设学科新知识与应用性教育课程，培训教师的实际应用能力。

3. 短期进修课程培训式。多为国家教育行政部门和地方教育部门根据教育和教学的需要而开设，目的是解决当时教育和教学中的实际问题。这类培训课程的时间一般很短，仅 2～3 天。教学形式比较灵活，有讲座式，研讨式，也有问题解答式。短期进修课程培训的层面分两类：一类对普通教师，即对所有在职教师开设；另一类则是专对骨干教师开设的。

（三）"以学校为中心"的校本培训模式

校本培训是指以学校为单位，面向教师的学习方式。内容以本学校的需求和教学方针为中心，以提高教师的业务水平和教育教学能力为目的。教师培训由学校自身组织、领导，依靠校内优秀骨干教师去带动其他教师，互教互学，共同启发提高。但是，"以学校为中心"这一培训形式很受学校自身条件的局限，即在一些自身规模小、师资和设备条件差的学校很难实施。同时，这一培训形式重在校内，不太考虑社会的要求和教育发展的趋势，故难以起到全面提高的培训效果。

（四）短期进修在职培训模式

教师继续教育实行的"短训班"是根据教育发展需要而开展的短期培训教育活动。常见的"新教材备课会""教学方法研讨会"均是这种模式，一般采用脱产集中时间学习。它的形式包括：

1."老教师培训"。就是将需要进修提高的老教师集中起来，帮助他们总结教学经验，指导他们学习教育理论，将他们的教学先进经验进行宣传推广，并以此来促进老教师的提高。

2."备课培训"。备课培训，主要是为新开设的学科或教材新补充的内容而开办。主要采取集中讲解和自学的方式进行培训，目的是使这些教师尽快熟悉和掌握新教学大纲和教材。

3. "一般性培训"。这种培训就是集中几天的时间，对参加者进行一般性政治思想和文化水平方面的培训教育，促进教师素质的提高。

4."专题研究式"培训。主要是针对教学中的某个方面的问题而开展，目的是提高教师对这个方面问题的认识和处理能力，时间大多只有 2 ~ 3 天。如"数学教学方法探讨""教材新内容教学研究"等，都属于这种专题研究式培训活动。既有理论知识的学习、讨论，也有实践性的课堂教学观摩、教师互相听课等。

5.广播电视网络讲座式培训。主要是利用各种先进媒体远程进行培训指导，具有高效、经济、实用的特点。

传统的填鸭式灌输培训使受训者总是被动地接受教师所传授的知识，制约了学习者的自主性，一定程度上影响了培训的效果。其次，接受培训的教师必须在规定的时间和地点接受培训，灵活性、机动性不够，时间和空间的限制明显影响参与培训的积极性。培训时间短，强度大，工学矛盾难以解决，集中脱岗培训困难，使培训容易流于形式。长期高强度的工作容易使人产生职业倦怠，培训的考核缺乏科学的评价体系，不能形成应有的激励机制，仅仅被当作评聘职称的跳板。培训的专家脱离实际，不完全掌握学员需要，忽视农村教师特定的工作环境，培训内容与教师实际工作需求脱节，培训的针对性和实效性不强，实际操作中容易避重就轻。培训机构把培训当作任务，造成培训的形式化。参加远程教育方式学习的教师对培训认识不足，对网上学习的培训教育模式不适应，对网络教育平台操作不熟练，不能积极参与交流。这些均是在培训中现实存在的问题。

综上所述，现有的乡村教师的培训或多或少都存在着不可避免的问题，这是由于乡村教育的特殊性所决定的。当前的"国培计划"送教下乡相对于其他的乡村教师培训更具针对性、系统性、科学性、实用性以及有效性，尽管送教下乡也存在一些问题，但整体而言，送教下乡无疑是当前乡村教师最为重要的培训方式，因此对于它的研究也就显得顺理成章了。

第三章 送教下乡培训的必要性

国运兴衰系于教育，教育成败系于教师。这一观点是毋庸置疑的，我国在教育投入上是巨大的，但由于历史原因，我国教育的发展出现了不均衡的现状，这种情况在很大程度上制约了我国教育的发展，而出现这一现象也不仅仅是因为时代与经济的不均衡发展，还与教师综合素质具有极大的关系。当前我国的教育是城市发达先进、乡村简陋落后，并且这种差距日益加大，这无疑给教育部门提出了直接的要求，那就是改变乡村的教育环境与提高乡村教师的综合素养。

一个学校，教师是办学的主体，办好学校，搞好教育，培养出德、智、体、美、劳全面发展的社会主义接班人要依靠教师，教师是学校教育力量中最为活跃的因素，学校的教育目标和一切教学活动都要通过教师才能实现和完成。因此，建设一支具有良好政治业务素质、结构合理、相对稳定的教师队伍，是教育改革和发展的根本大计。农村学校教师素质参差不齐，教师的素质、结构已成为制约学校办学质量的瓶颈。故而对于乡村教师的培训是一个迫在眉睫的问题，乡村教师的培训才能使得教师的教育教学水平在职后得到显著的提高，从而改变乡村现有的教学现状。"国培计划"送教下乡培训是直接针对乡村教师所进行的教育教学技能培训，其重要性是不言而喻的，不仅有利于教师改变农村教学现状，更有利于可持续性地收集教学材料，促进乡村教育发展。

第一节　实现人力资源的全面提升

胡锦涛总书记曾在党的十七大报告中对实现全面建设小康社会奋斗目标提出了新要求，进一步提出要优先发展教育，建设人力资源强国。同时，十七大报告还要求加强教师队伍建设，重点提高农村教师素质；大力发展远程教育和继续教育，建设全民学习、终身学习的学习型社会。这是党中央为进一步实施科教兴国战略和人才强国战略提出的重大战略任务。在十九大中习近平总书记也提出了文化自信的理念，这些都指出了对于教育的重视，优先发展教育，建设人力资源强国是全面建设小康社会的重要内容，而教育工作的重中之重是农村教育，农村教育工作的重中之重就是农村教师工作。

"国培计划"送教下乡培训是针对于乡村中小学教师所进行的职后教育教学技能培训，是对于党中央所提出发展教育的政策是一致的，从这一角度来说，送教下乡培训就是针对乡村教师的人力资源合理的再分配与调整。大力开展农村教师培训工作，是国家"科教兴国"战略的重要举措，也是提高农村教师整体素质，办人民满意的教育的实际行动，具有十分重要的意义。

一、送教培训对于人力资源提升的意义

就人力资源管理的角度来说，教育对于教师特别是乡村教师的取才用人，必须注重取才、人才培训、养才与留才等途径，而其中的人才培训，其主要意义在增进教学工作能力、改善工作态度及鼓舞潜能发展，教育、进修、受训、深造、研究、讲习，以至工作辅导与监督示范与人力发展、管理发展、自我学习等管理措施，均成为培育乡村教师的范畴，而这也是促成才能发展及组织绩效的要途径。因此，乡村教育、培训、学习与人力发展，一向被视为积极性人力管理措施，在当前多元化人力管理时代，其重要性更为突出。

乡村教师教培训育可包含任职之前的家庭、学校社会教育过程，以及任职后的进修、学习、培训与人力发展阶段、任职前后的培训也可以说是教育与再教育的两段历程，自是具有密切关系，教育是人才培训的基础，而任职后的培训、学习与人力发展措施，都是教育延长。人才的培育是持久不断的过程，其前后具有连续性或连贯性的互动关系。乡村教师的教育包含通才、专才与补习培训，送教

培训则可分为职前与各种在职培训、学习型组织、个人及终身学习，至于人力发展，又可涉及组织发展、管理发展与生涯发展。上述管理方式或途径的新近趋势是：系统化、连贯化、知识化与多元化或跨文化导向等趋向。为有效培育乡村教师，各教育部门与区域仍必须不断系统地规划实施乡村教师培育方案，长期地培养乡村教师，以符合农村教学发展要求。

二、送教培训所具备的人力资源优势

（一）送培做到教师人力资源与时俱进

从当前的乡村教学现状看来，涌现了不少优秀的乡村教师，但这一类的乡村教师对于目前的农村教育依旧杯水车薪。事实上，越来越多的教育部门与教育专家学者注意到，优秀乡村教师正是乡村教师快速发展的制胜之道。其原因在于农村的教育环境无法在短期内做出大的改变。而乡村教师也是一个巨大的量变体。如能悉心培育乡村教师，让其潜能得以尽量发挥，不但乡村教师本身得益，更能促进乡村教学水平的提高与推进教育的均衡发展。

优秀的乡村教师不是一蹴而就的，是一步步提升出来的，而这种培训就是对于乡村教师的送教下乡培训教师培训。送教下乡培训的乡村教师培训根据政策以及调研而来的结果制订的乡村教师培训计划，这些都是尽量地符合农村教育的需求，传播先进的教学理念与教学理论，在环境简陋落后的客观因素下，能动地改变教学陈旧的方式，做到与时俱进，从而增强学生的积极性与乡村教师教学的积极性与成就感。

众所周知，乡村教师的培训是多样化的，但从本质上讲除了有现在适当的入职培训以及职后培训，此外还有提升培训、问题培训以及骨干培训等。送教下乡培训对于乡村教师的培训相对而言是全面的，这本身就对乡村教育教师的人力资源的再度提升，例如，在入职前新的乡村教师是否了解教学环境与教学对象，在培训中也有着明确的培训，这样就将这些人力资源合理的分配，并且在培训过程中做到先进的教学理念与农村实际情况结合，做到人力资源的与时俱进，以及乡村教师自身综合素质的提升。

（二）送教培训建立良好的人力资源培训沟通渠道

送教下乡培训的乡村教师培训是一个具有可持续性、可发展的培训模式，当然其针对性与实用性也是十分明显的。从这一点上看，要做到持续性的进行就需

要建立良好的培训渠道与长期机制，建立良好的人力资源培训沟通渠道，是全面理解乡村需要与需求的途径之一，也是良好教师人事管理的重要基础。通过沟通不单可以了解乡村教师所需，同时也可在最短时间内，向乡村教师讲解实际问题的策略，从而减少乡村教学与乡村教师之间不必要的问题出现。事实上，乡村教师如果能够了解乡村教学的实际情况、明白教学的需要和目标，通常会更容易发挥所长，取得理想的成果。要建立有效的人力资源沟通，合理分配人力与调节人力的安排，在送教下乡培训的培训中学习，可以使得乡村学校对于学校教师更加合理地安排。

在送教下乡培训进行适合的人力资源培训，可以在很大程度上使得学校对于教师达到更清晰的认知以及更为合理有效的安排，学校的工作方式、程序以及关乎乡村教师切身利益的诸多事宜，这些方面的改变都将使得乡村教师的教学受到影响，因此送教下乡培训时所建立的良好的人力资源通道就显得尤为重要了，因为这个沟通通道能够使得学校与乡村教师、送培团队与乡村等不同维度都能够更清晰地了解，从而避免不必要的问题出现，从而导致对于乡村教育的影响。

（三）送教培训坚持人力资源系统化导向

所谓人力资源系统化导向是指教育部门与学校对于乡村的教育、培训、学习与人力发展等途径必须破除形式化的弊端，改变为力求质量实用性而具连续效果的系统化措施。任何单位组织好事培训为培训人才，而必有其教育、培训、学习与人力发展的人才培训途径，而这四者所牵涉的范围广，除送培团队本身的因素外，尚涉及学校（如大专以上院校）或社会的教育历程，问题在上述途径如不能相互配合，则必损害培训人才的成果。举例来说，大学所培养的通才或专才如不能为企业组织所用，或学与用之间严重脱节，则所学非所用或所用非所学，无异于浪费培训阶段的精力。其次，送教下乡培训的培训或学习、发展过程中，常有选送人员分去特定的地区与学校进修或深造。如果送培团队不能针对乡村教育实际的需要提供适当的乡村教师培训课程，则必会影响教育部门人力培训与发展的绩效成果。在知识经济背景下，导致了教师的人才培训途径彼此间的相关性与互动性增强，最终使得有其系统化或连贯化导向的强烈趋势。

人的才能并非呈直线的上升状态，有时常会衰退。著名的彼得定律（Peter Principle）指出，各企业组织的员工在初任职务时虽具相当程度的能力，但时间持久后，则工作才能逐渐递减而终致能力不足以胜任工作。彼得特别强调，这是一般组织员工才能发展的病态，其问题在于潜能未能发展的缘故。尽管彼得是从企业出发的，但在本质上乡村教师也是一样的，从人力管理的立场来看，彼得定律所指的才能递减病态，也是乡村教师的现状。乡村教师欠缺足够而有效的培训所造成的现象也是如此。乡村教师担任的职务的变动概率不高，仅仅是教育道德与教学理想在支持，但因欠缺有效的培育，导致才能与职位不成正比，这是工作才能存在缺陷的缘故，补救之道在于系统地实施人力发展措施，从教育、培训、进修、深造与人力发展等方式，以系统而连质的方式增进乡村教师的潜能。

第二节　乡村教育发展的现实需求

农村教育问题是我国极为重要的现实问题，也是当前我国教育体系中的一个薄弱环节。温家宝总理曾在十一届全国人大三次会议的《政府工作报告》中指出："重点加强农村义务教育学校教师和校长培训，鼓励优秀教师到农村贫困地区从教。加强师德教育，增强教师的责任感和使命感。教育寄托着亿万家庭对美好生活的期盼，关系着民族素质和国家未来。不普及和提高教育，国家不可能强盛。这个道理我们要永远铭记。"报告中把教育提到了前所未有的高度，突出表明了教育的基础性、全局性的地位。提高农村教育质量的关键在于农村教师队伍的整体素质。教育部 2006 年公报指出，我国中小学专任教师有 1043.8 万，其中农村教师 514.7 万，占 1/2 强。这样一个庞大的农村教师群体，其水平如何将直接决定着农村基础教育的质量和农村经济未来的发展。因此，加强农村中小学在职教师知识更新、提高农村教师队伍的素质已成为十分重要和迫切的问题。解决这一问题的关键是加快发展农村在职教师的培训。

换言之，从我国农村中小学教育现状所表现出的实际情况看来，当前的农村教育水平较城区的教学存在巨大的差异，而这种差异正在日益增大，农村的教育发展已经是迫在眉睫，而农村教育的核心执行者就是乡村教师，但由于多方面的原因，乡村教师的综合素质高低不一，致使乡村教育发展遭遇极大阻碍。由此可见，送教下乡培训除了提升乡村教师个人教育教学能力的，更多的是乡村教育发展的现实需求所决定的。

乡村教师的专业成长直接关系农村小学水平，乡村教师的专业成长是指教师在其职业生涯中，基于个体经验，依据职业发展规律不断提升、改进自我，以顺应职业发展需要的过程。乡村教师个人专业成长是当代教育的一个热点，其本质是教师在职业生涯中专业素质不断成长的持久历程。

农村教师专业发展现状需要透过表象看本质。农村学校各种信息相对比较闭塞。我们不可否认城乡之间存在着不同程度的差距，国家现在虽然大力发展农村教育，努力实现城乡教育均衡发展，众所周知，要做到各种教育资源都非常均衡是很难实现的。现在，农村的办学条件相比往昔有了根本性的改善，各种远程教育信息进乡入镇，课程提高培训时时有之，教师的视野相对有了开阔，一部分教师的专业素养也有了一定的提高，但由于地域的限制，历史的因素，教师资源的相对滞后，农村教育还是不尽如人意，令人堪忧，不能满足人民群众优质教育的需求。这些问题都要求执行送教下乡培训。

目前择校热，家境稍好的都往城镇上挤，造成农村教师专业发展雪上加霜。义务教育阶段，学生承受的教育费用低，家长没有什么经济负担，谁都渴望得到更优质的教育。农民守望薄田的人越来越少，进城务工的队伍不断壮大，农民工子女入学条件越来越宽松，家庭条件稍好的学生有望进城就学。农村学校资源条件本就不如城里学校，加上好的生源流失或被蚕食。面对的是中下等学生，教育的难度加大，工作强度大，心理压力大，教育成效低，造成了不少农村薄弱校。这几年农村学生在校数量剧减，学校人气不旺，教育教学氛围不浓厚，在一定程度上影响了学校的发展，从而影响了教师专业的发展。教研工作氛围不浓厚，流于形式。农村学校班生数少，教师数也少，往往一个年段二至四个班，一个学科才一两个教师，很难营造热烈浓厚的教学教研氛围，很难有效地开展好集体备课活动，形成多家争鸣的互动局面，达到教学相长、优势互补的成效。教研组组织公开课只是流于形式，蜻蜓点水，草草了事，应付检查。校本教研应有的作用没有发挥，教而不研，研效甚微，没有深层次的东西，难以提升教师的专业水平。

就乡村教育的客观条件要求送教下乡培训，在乡村教育的实际教学中，由于教学条件的限制，需要大量的"一专多能"的优秀教师，是乡村学校教学的实际要求。乡村教师队伍除了总量上的短缺外，在学科结构上也存在一定问题。研究发现，乡村小学平均每3所、4所和2所学校才能拥有1名音乐、美术和体育教师。在很多地区，乡村学校严重缺乏音乐、美术、体育、科学等学科的教师。《国培计划》鼓励支持地方院校定向培养"一专多能"的乡村教师的送教下乡培训形式，这是符合客观规律，也符合乡村学校的现实特点。从调查数据上看，真正能到乡村学校任教并能长期坚守乡村的教师大都是当地人，"定向培养"乡村教师有助于为乡村学校补充"留得住"的新鲜力量；从未来趋势上看，小规模乡村学校将会长期存在，"全科教师"符合乡村学校的教学实际需求。除了要加强小学教育专业"全科教师"的培养，"国培计划"中也要加大对"全科教师"的培训。培养"一专多能"教师，体现出《国培计划》因地制宜的特色，可谓"对症下药"。从这一方面看，乡村教育发展对于教师的培养需求也直接要求送教下乡培训的执行。

教师是影响学生健康成长的关键人物，是提高教育质量的能动因素，是促进教育公平的重要保证，是一切重大教育变革的核心力量。我国乡村教育的改革和发展，迫切需要一支数量充足、素质优良、甘于奉献、扎根乡村的教师队伍。这是乡村教育发展的实际要求。在"知识改变命运"和"教育蕴藏财富"的时代背景下，如果没有优秀的乡村教师，乡村教育的质量就难以得到有效保障，乡村学生的成长和发展就会处于不利地位。因此，大力支持乡村教师发展、积极加强乡村教师队伍建设，既是对乡村教师群体的重视，也是对乡村学生平等受教育权的尊重和对社会公平正义的弘扬。乡村教育的硬件条件缺失，导致乡村教师成为乡村教育的主导者，因此在无法改变硬件条件的前提下，对于乡村教师的培训就显得势在必行了。

近年来的研究表明，城乡教师资源配置的结构性矛盾和二元化特征依然明显。新世纪以来，国家出台了一系列向乡村倾斜的教师政策，譬如特岗计划、农村硕师计划、三支一扶计划、免费师范生计划，等等。应当说，这些政策对改善乡村教师队伍结构和提高乡村教师队伍质量起到了很大的积极作用。但是，乡村教师队伍的整体状况依然令人担忧，教师年龄老化、知识退化、方法旧化现象非常严重，优秀人才不愿去、一般人才进不去、不合格教师退不出问题非常突出。让优秀人才进得去、留得住、教得好，造福于乡村教育应该是国家和人民的共同愿景。为此，国家出台了《乡村教师支持计划（2015—2020 年）》。这是把乡村教师队伍建设作为实现教育现代化的重要战略基点，给予乡村教师群体特别的支持与关照，对于改善乡村教师队伍现状、促进我国教育事业发展具有极为重要的战略意义。

综述所述，无论从农村教育的硬件条件，还是教育的软实力，在当前看来都是不容乐观的，都要求对乡村教育进行改革，但实际情况的多样化与复杂化，导致了改变的困难性，这些都直接表明送教下乡培训的培训是乡村教育发展的客观实际要求，而且势在必行。

第三节　送培推动校本培训与研修

教育质量的提高关键在于教师的素质，走教师专业化之路是提高教师素质的有效策略。中小学校本培训在促进教师发展过程中具有重要的作用，是其他任何环境和机构的培训不能替代的。同时，乡村教师综合素质的提高也能反作用于校本的研修与常态发展。

校本培训是学校教师成长必不可少的工作，国培计划送教下乡培训实际上是对进行教师业务培训。我校有一小部分教师还没完全学会网络，通过国培送教促使每一位老师通过自觉及请教掌握从开机的操作到文件及文件夹的操作，学会运用一些常用的应用程序，如：word、excel 编辑，如何搜索、收集整理自己所需要的资源，使教师在纷繁复杂的网页中能找到自己所需，以及 IE 操作和具体利用远程教育资源，如 Powerpoint 演示文稿的操作，FLASH 动画的操作，媒体播放程序的操作。国培教育唤醒教师自主学习，克服等待和依赖的惰性的想法与习性，迫使教师在日常教育教学的同时，依据自身专业发展的个性需求，积极主动地参与远程培训、校本研修等活动，自主选择，充分利用现代远程教师教育资源，促进专业的自我发展和成长，持续提高教育教学的质量和水平。

一、送教校本培训是提高学校教育质量的重要途径

当今社会的飞速发展，国家更注重人才培养、科技强国；人们对教育的期望值越来越高，并不断赋予了教师新的内涵。故而乡村教师必须根据时代、社会中具体的教学特点变化，生长出适合学生特点的教育教学新品质，乡村中小学为这种新品质提供了需要的优质"种子"和肥沃"土壤"。教育发展对学校提出了前所未有的挑战性的要求，学校只有适应这一变化，举其力，倾其智，极大地促进教师思想理念、专业水平不断发展提高，才能有效实现自身发展。

学校对乡村教师发展的关注和促进是学校达成优异教育的保证，而实现这一保证的途径就是对教师持续有效的校本培训。人们都知道木桶盛水的原理。每位

教师就如同构成木桶的每块木板，要想盛更多的水，应该每块木板都一样高。学校要想提高教育教学质量，使学校得以长足发展，就应科学性、规划性地培训教师，使每位教师的素质都不断提高，拥有了一支高素质的教师队伍，才能实现全面提高教育教学质量。

二、送教校本培训是促进教师素质提高的不竭源泉

乡村教师是农村学校教育改革的参与者、领导者，是自身的发展者。学校不仅是培养学生、促进学生发展的场所，更是培养、促进教师发展的场所。学校具有促进教师持续有效发展的功能。

教师自己最明白自身需要什么样的专业发展活动，他们所思考设计、实施的专业发展活动是其他人难以替代也是不能替代的。学校所组织的各种专业发展的活动能充分考虑学校实际，挖掘学校存在的各种有利条件和潜力，让学校的资源充分利用起来，让学校释放出蓬勃的生命活力来。

学校教育教学实践活动为教师发展提供了平台，持续高效的校本培训可提高教师素质，促使教师快速发展，是教师成长发展的"推进剂"。因而，学校应该对教师实施形式灵活、内容丰富、多位一体、注重实效的校本培训。

以前我们常说，要给学生一杯水，教师得先有一桶水，如今这样已远远不够，不但要有广博的知识，还要不断更新知识、不断补充新知识。现在是信息化社会，学生获得的知识多元化，获取知识的方式方法多样化，教师的教育方式方法要跟上，使学生接受，教师就要做手电筒，必须不断充电，保持充足的光亮，才能培育出符合时代需要的优质人才。

三、送教校本培训内容浅析

乡村教师素质包括思想素质和专业素质两个方面。

（一）思想素质即师德培训

由于乡村教师的特殊性，因而对他们进行政治思想教育、心理健康教育、法制教育和职业道德教育，使教师树立正确的世界观、人生观、价值观和教师职业观，建立新型的师生关系，强化教师自身修养，塑造良好的教师形象，赢得家长、学生及社会的尊重，使教师内心充满职业信心和职业光荣感，乐于教书育人，甘愿献身教育。

（二）专业水平培训

专业培训包括新课程培训、教育教学能力培训、科研能力培训、信息技术水平培训和专业发展规划培训。

通过新课程培训，促进教师在教育教学实践中，研究掌握实施新课程的有效教学方法和手段；严格有实效的教育教学能力培训，可切实提高教师的教学基本功和教学基本技能，使教师具有较高的教育教学水平；教育科研能力培训是校本培训工作中的一项重要内容。引导教师从教学实践中不断总结经验和教训，提高教学能力，提高教育科研的专业水平，用教科研理论指导教学实践，有力推进基础教育课程改革，推进素质教育的实施；扎实认真的信息技术培训，使教师熟练掌握多媒体教学的技能，使课堂教学变得生动活泼、丰富多彩、直观易懂，提高课堂教学效果，还可实现校内校外教学资源共享；专业发展培训包括专业发展的方向和目标、存在的不足、采取的措施等内容。

四、校本培训形式浅析

校本培训的形式多种多样。常用到的有：

1. 跟踪培训。同一教师，同一节内容连续在不同学期、不同学年"听、评、说"。

2. 名师讲座。本校、外校名师专题讲座。

3. 网络培训。观看全国特级教师、名师的示范课、观摩课，或网上远程培训。

4. 评优活动。提供机会，鼓励、指导教师参加各层级的优质课评选活动。

5. 外派学习。由学校派到外地名校代课学习。

6. 参加省、市、县的校与校之间的联校互动研讨。

7. 按制订的计划个人自学等。

五、校本培训的措施

1. 领导重视。校领导对校本培训工作要十分重视，要把培养建设一支高素质的教师队伍作为工作重点，要有建设高素质的教师队伍、走科研兴校之路的办学理念。加强校本培训工作，成立以校长为组长的培训领导小组，吸纳骨干教师为成员，制定总体目标，制订出切实可行的计划，公布实施。成立督导检查小组定期督导检查。通过培训达到教师整体素质与学校综合办学水平同步提高的目的，培养造就一支师德高尚、素质精良、业务精湛、教育教学实绩突出、结构合理，充满活力，能适应现在素质教育需要的反思型、科研型的、具有创新精神和实践能力的骨干教师队伍，全面提高学校教育教学质量。

2. 职责明确。培训领导小组要了解学校教师教育教学水平实际现状；明确学校教师队伍建设发展目标；制定培训整体方案；落实培训具体活动；评估教师参加培训的实际效果。组长是校本培训的第一负责人，副组长负责宏观调控和指导方案的落实情况，定期组织领导小组成员汇总情况，研究改进措施。成员是培训的具体负责者，负责方案的制定和修改工作，组织和协调培训方案的落实，组织考核工作并做好培训记录，登记学分，整理存收档案资料等。督导检查小组定期严格检查，及时反馈，使培训有实效。

3. 制度严格。建立切实可行，行之有效的校本培训管理制度，每学期为一期，有总体目标和内容，每周 2 小时有具体内容，有指定的地点、时间，有专人负责，不受干扰坚持进行，保障培训工作正常有序、顺利地开展。

4. 规划科学。设立学校校本培训领导小组；构建学校校本培训管理网络；建立由资深教师组成的咨询小组，对培训内容、课程设置、培训过程指导；出台倾斜政策，建立激励机制，将教师的校本培训实效与岗位聘任、学期考核及晋级评优挂钩，并计入教师业务档案。

第四节　送教全面提升教师整体素质

"国培计划"是对中小学教师的培训计划，是教育部、财政部为提高中小学教师特别是农村教师队伍整体素质而实施的重要举措。2010 年，中央财政支持实施"国培计划"。在北京召开的全国中小学教师培训暨"国培计划"启动实施工作会议上，时任教育部部长袁贵仁强调，强国必先强教，强教必先强师。加强教师培训，是深入贯彻科学发展观，促进教育公平的一项重要举措，是深入实施素质教育，全面提高教育质量的必然要求，也是广大中小学教师专业化成长的内在需求和愿望。国培送教下乡培训的实施全面的促进乡村教师的成长。

一、通过国培送教，提高教师教学理论水平

课程标准是各科教材教学的依据，只有熟悉课标的内容，才能有效地指引各科教学。国培送教下乡培训首先是对教师进行课标培训，了解课程标准内容、

理念、设计思路、教学建议等。教师在了解课程标准的基础上，进一步钻研课标，进而结合所教教材，熟悉整个教材的编排体系，从而在教学中找准课标在教材中的要求，有的放矢地进行教学。在学习过程中结合平时教学，撰写了一定数量的教学经验文章，开学后，并把所学知识运用于新学期教学实践中，提高教师教育教学水平。

二、通过国培送教，促进教师专业水平提高

在远程培训中，地处偏远农村的中小学教师，依托全国中小学乡村教师继续教育网等网络平台，共享国家级优质教育教学资源，足不出户即可实现与专家面对面交流互动、点评和答疑，实现与发达地区教育教学理念和方法同步，并通过广泛交流教育教学经验，提升自身教学能力。在国培送教下乡培训教育里，通过视频专题，了解课堂教学目标确立的重要性，从而进一步掌握课堂教学过程；感受到远程资源在教学的作用，开学后，自己在原来会用课件的基础上，能够进行自行收集素材编制课件，把本校的一些实地资源通过照相、摄影，渗透于平时教学组织活动中，提升和拓展了教学资源，丰富了课堂活力，提高了学生学习兴趣。

三、通过国培计划，优化课堂教学组织结构

课堂教学组织是教师上好一节课的关键。而新课导入、情境设置、活动设计、教学评价等共同构成了一堂课的主旋律。在围绕教学目标的前提下，都需要教师有过硬的专业水平及能力。通过国培教育，掌握课堂教学的一些基本原理及方法，通过向优秀教师学习，结合自身，查漏补缺，吸取他们优秀的部分充实自我，优化课堂教学结构。

四、通过国培送教，加强教师教学自我反思

平时教学中，我们需要也有自己的教学反思，但这些都比较肤浅，而通过国培送教下乡培训教育，我们认识到教学反思是一种有益的思维活动和再学习活动。一个优秀教师的成长过程中离不开不断的教学反思这一重要环节。因此，我们要重视反思，及时反思，深入反思，有效反思，并持之以恒，坚持反思，提高反思能力，是教师成长的不竭动力，也是教师不断超越自我、提升品味的必由之路。在撰写教学反思时，我们一般从成功之处、不足之处、学生创新、教学困惑等方

面去反思。抓好反思工作，真正地做好"把课堂还给学生"，让课堂充满生命活力；真正地实现由经验型教师到科研型、智慧型教师的转化。教学反思是我们教师成长的阶梯，它记录着我们曾经的迷茫，见证了我们洒下的汗水，更奠定了我们坚实的脚步。

五、通过国培送教，可以更好组织和管理好学生

我们经常说现在的学生难管、难教，通过国培送教下乡培训教育，我认为学生的管教，在一定程度上也取决于我们的课堂魅力，你一节课是否能激发学生学习兴趣，主动合作去探究学习，是否引导去感悟、去体验，如果有了这些，那么一堂课也就是生活，生活处于实际中，那么课也自然好上了。同时还可以通过课堂教学评价，教师在上每一节课时，在课堂上也要注重对学生的适时评价，这既可提高学生学习兴趣，也是对学生学习的肯定，有利用于活跃课堂，提高教学质量。

六、通过国培送教，可以更好加强学校各项工作管理

实行国培送教下乡培训以来，先后对思品、历史、生物、地理以及心理、安全等学科进行了培训。在农村中学，心理、安全、音体美等学科教师专业不对口，而通过国培计划，可以快速成长一部分该类专业教师，弥补农村薄弱学科的紧缺情况，从而促进学校全面发展。同时，由于农村地区偏远，一些先进的教学理念及观点很难接触。通过国培送教网络学习，可以身临其境地接受专家们的指导，也可及时向专家们提出自己教学中的困惑。

教育部、财政部启动实施的"国培计划"送教下乡培训，提高了我们广大农村中小学教师的教学能力和教学水平，使我们在师德修养、学科知识水平、课堂教学能力、课堂教学科研能力、现代教育技术能力等方面都有显著提高，从而使我们更好地适应了教育教学改革的需要。

第五节　送教推动教育均衡教育公平

基础教育关乎国民素质的提高，是国家发展的基础性工程，是全面建设小康社会的重要内容。基础教育的公平是最基本的公平，它惠及全民，既是和谐社会的重要内容，又是和谐社会的重要基础。推进教育均衡发展，带动农村教育发展，是事关千家万户的切身利益，是落实科学发展观、建设和谐社会的重要方面。

党的十七大报告指出，要重点加强和发展农村教育，提高农村教师素质。农村教育量大面广、影响广泛，义务教育阶段学生多达 1.5 亿。要把我国建设成为人力资源强国，离不开农村教育的普及和提高，离不开办好每一所农村中小学，办好农村义务教育对提高全民族素质具有重大意义。胡锦涛在全国优秀教师代表座谈会上指出："推动教育事业又好又快发展，培养高素质人才，教师是关键。"没有高水平的教师队伍，就没有高质量的教育。近年来，国家加强了师德建设和教师在职培训，特别是农村教师队伍的建设，实施了"农村学校教师特设岗位计划""农村学校教育硕士师资培养计划"等。各地区教育部门也都进行了大规模的农村中小学教师素质提升培训，开展了城镇教师支援农村、师范生实习支教等活动，缩小了城乡教师质量差距，农村教师素质迅速提高。

"国培计划"送教下乡培训也是在这种背景下应运而生的。教育要面向现代化、面向世界、面向未来，我国教育正站在一个新的历史起点上，这给农村教师也提出了更高的要求。大力开展农村教师培训工作，是全面建设小康社会和构建社会主义和谐社会、实现教育资源优化配置、体现社会公平公正、促进教育协调均衡发展的重要举措，具有十分重要的意义。

国培送教下乡培训对于乡村教师的培养其目的在于打造教师队伍，提升教师整体服务水平，这在很大程度上推动了教育资源的合理分配，加速教育均衡与公平的发展。家长对教育公平的追求首先体现在对学校的选择，而择校的本质是选择教师，选择教师是为了获得优质的教育资源。有人说："当代学校应有两个系列的素质教育：一个是学生的素质教育；一个是教师的素质教育。没有教师的素质教育，学生的素质教育就难以达到。"可见教师的综合素质直接影响着学校的品质，自然影响着是否能办成群众满意的学校。因此，为了让学生均衡、公平地享有教师资源，一方面致力于教师的师德建设，培养教师的敬业精神、团队精神和合作意识；另一方面调动教师的业务研修积极性，着力打造高素质的教师群体。学校教师队伍的整体素质提高了，学生享有公平、均衡的教育的概率就增大了。

送教下乡培训的教师培训能够很好地创新管理机制，建立教育均衡发展的制度。"创新是一个民族发展的不竭动力。"农村学校要发展，在教育环境的限制下在管理上就需要创新。为使学生获得均衡的教育资源，享受公平的教育，学校不断创新管理机制，为学生享受公平、均衡的教育提供制度保障。一是加强组织领导，为了加强各年级的教育教学管理力度，每位校级领导负责一个年级，形成校级领导、年级组长、教研组长层层负责，齐抓共管的局面，确保各年级享有同等的管理力度。二是建立"两个机制"，即建立教师激励机制和合理的学科评价机制。三是达到"三个均衡"，即达到各年级各班教学设施的均衡，师资配备的均衡，起步学情的均衡。四是实施"四项工程"，即实施好"校园文化打造工程""教师队伍建设工程""高效课堂打造工程""学困生关爱工程"。

农村学校决心从实现"三个均衡"着手以保证学生享受公平、均衡的教育。具体措施是：首先是实现教学设施配备的均衡。每个教室都配置了教学设施，在具体情况的影响当地教育部门也需要对于条件差的学校做到适当的倾斜，尽可能地配置相应的现代化设备，达到各学校各年级各班教学设施配备的均衡，保证各班享有公平的现代化教学媒体资源。其次是实现起步学情的均衡。学期开学初学校将进入高段的四年级进行了重新编班，先将全年级学生按成绩排序，然后以要分的班级数为一个单位，把依成绩排好序的学生按"S"形分成N个组，每个组名次对应的学生分入对应的班级。其三是实现各校、各班、各科教师配备的均衡。班级分好后，预定的班主任通过抓阄确定所带的班级，各科任教师再通过抓阄确定任课的班级，若抓阄结果出现了科任教师组合强弱悬殊，适当予以微调。为了解决因选择座位而导致家长和教师关系庸俗化的问题，进一步完善了开始实施的座位轮流制度，确保学生座位上的公平待遇。这样一来，各班教学设施配备均衡了，起步学情均衡了，学科教师配备均衡了。因起步学情不均衡导致的各种弊端消除了，学校管理科学了、精细了；学校给学生教育资源公平了，家长和学校因择班而生的矛盾化解了，群众对学校的满意度相应提高了。

众所周知，乡村教师在农村教育中的关键作用是至关重要，因此对于乡村教师的培训是势在必行的，因为对于教师的培训并非仅仅体现在乡村教师个体综合素质的自身提升上，还在于能够推动乡村教育与城市教育的教育均衡发展。这其中教师自身技能与思想恰恰是乡村教育环境限制下的关键环节，因此送教下乡培训才势在必行。

第四章　送教下乡培训课程设置的必要性

　　"国培计划"送教下乡其目的在培养符合乡村教育发展需求的新型乡村教师，从乡村教师个体综合素质的提升上来解决受农村教育环境限制的农村教育发展的问题。从"国培计划"纲领性的文件上可以看出，送教下乡这样的具有极强针对性的教师培训，其内容上的设计是要遵循农村教育的实用性与有效性的。同时，送教下乡内容上的确定直接决定了培训课程的设置与构建，而课程的设置直接关系到教学质量的高低，对于建设游戏课程，深化课程体系改革也具有极大的作用，此外课程的合理设置是培养优秀乡村教师的直接需要，而且在严格课程建设管理与建立严格规范的考核制度也具有直接的影响作用。由此观之，送教下乡教师培训的课程设置是具有其必要性的。

　　"国培计划"送教下乡的实施对基础教育课程改革，对教育的均衡发展，对教师专业能力的提升起到了极大的促进作用。当前，教育部对新一轮的国培提出了明确的改进意见。教师培训者应该从培训目标及课程这个关键环节上关注培训的有效性：开展需求分析，激发学员学习的自主性；确定培训目标，强调预期目标的可实现性；优化培训内容，提高培训的针对性。这些也都表明对于送教下乡课程的设置是具有其内在意义的。

　　"国培计划"送教下乡的课程设置应以《"国培计划"课程标准（试行）》为依据。当前高校"国培计划"送教下乡课程设置存在诸多问题：在确立课程目标时忽视具体项目要求；在选择课程内容时忽视农村教育教学需求；在确定课程结构时忽视课程内容维度的比例要求；在选择课程实施方式时忽视案例教学和观摩学习。为了提高教师培训的质量和效益，中小学"国培计划"课程设置需要兼顾学科特点与项目特色，增强课程目标的针对性；兼顾成人学习特点及城乡教师的不同需求，突出课程内容的实用性；倡导"巢状课程体系"，强调课程结构的合理性；采用多样化的培训方式，提高课程实施的灵活性。只有注重送教下乡课程的设置才能更好地培养乡村教师，推动乡村教育均衡发展。

第一节　教育部推进教师教育课程改革的意见

各省、自治区、直辖市教育厅（教委），新疆生产建设兵团教育局，部属师范大学：

为贯彻落实教育规划纲要，深化教师教育改革，全面提高教师培养质量，建设高素质专业化教师队伍，现就推进教师教育课程改革和实施《教师教育课程标准（试行）》提出如下意见：

一、创新教师教育课程理念。教师教育课程在中小学和幼儿园教师培养中发挥着重要作用，是提高教师教育质量的关键环节。要围绕培养造就高素质专业化教师的目标，坚持育人为本、实践取向、终身学习的理念，实施《教师教育课程标准（试行）》，创新教师培养模式，强化实践环节，加强师德修养和教育教学能力训练，着力培养师范生的社会责任感、创新精神和实践能力。

二、优化教师教育课程结构。以"三个面向"为指导，构建体现先进教育思想、开放兼容的教师教育课程体系。适应基础教育改革发展，遵循教师成长规律，科学设置师范教育类专业公共基础课程、学科专业课程和教师教育课程，学科理论与教育实践紧密结合，教育实践课程不少于一个学期。按照《教师教育课程标准（试行）》的学习领域、建议模块和学分要求，制订有针对性的幼儿园、小学和中学教师教育课程方案，保证新入职教师基本适应基础教育新课程的需要。

三、改革课程教学内容。把社会主义核心价值体系有机融入课程教材中，精选对培养优秀教师有重要价值的课程内容，将学科前沿知识、教育改革和教育研究最新成果充实到教学内容中，特别应及时吸收儿童研究、学习科学、心理科学、信息技术的新成果。要将优秀中小学教学案例作为教师教育课程的重要内容。加强信息技术课程建设，提升师范生信息素养和利用信息技术促进教学的能力。

四、开发优质课程资源。实施"教师教育国家精品课程建设计划"，通过科研立项、遴选评优和海外引进等途径，构建丰富多彩、高质量的教师教育国家精品课程资源库。大力推广和使用"国家精品课程"，共享优质课程资源。

五、改进教学方法和手段。把教学改革作为教师教育课程改革的核心环节，使基础教育课程改革精神落实到师范生培养过程中，全面提高新教师实施新课程的能力。在学科教学中，要注重培养师范生对学科知识的理解和学科思想的感悟。充分利用模拟课堂、现场教学、情境教学、案例分析等多样化的教学方式，增强师范生学习兴趣，提高教学效率，着力提高师范生的学习能力、实践能力和创新能力。加强以信息技术为基础的现代教育技术开发和应用，将现代教育技术渗透、运用到教学中。

六、强化教育实践环节。加强师范生职业基本技能训练，加强教育见习，提供更多观摩名师讲课的机会。师范生到中小学和幼儿园教育实践不少于一个学期。支持建立一批教师教育改革创新试验区，建设长期稳定的中小学和幼儿园教育实习基地。高校和中小学要选派工作责任心强、经验丰富的教师担任师范生实习指导教师。大力开展教育实践活动，深入农村中小学，引导和教育师范生树立强烈的社会责任感和使命感。积极开展师范生实习支教和置换培训，服务农村教育。

七、加强教师养成教育。注重未来教师气质的培养，营造良好教育文化氛围，激发师范生的教育实践兴趣，树立长期从教、终身从教信念。邀请优秀中小学校长、教师对师范生言传身教，感受名师人生追求和教师职业精神。开展丰富多彩的师范生素质培养和竞赛活动，重视塑造未来教师人格魅力。加强教师职业道德教育，将《中小学教师职业道德规范》列为教师教育必修课程。

八、建设高水平师资队伍。采取有效措施，吸引和激励高水平教师承担教育类课程教学任务。支持高校教师积极开展中小学教育教学改革试验，担任教育类课程的教师要有中小学教育服务工作经历。聘任中小学和幼儿园名师为兼职教师，占教育类课程教学教师人数不少于20%。形成高校与中小学教师共同指导师范生的机制，实行双导师制。

九、建立课程管理和质量评估制度。开展师范教育类专业评估，确保教师培养质量。将师范生培养质量情况作为衡量有关高校办学水平的重要指标。要将师范生培养情况纳入高等学校教学基本状态数据年度统计和公布制度。加强教师教育课程和教材管理。

十、加强组织领导和条件保障。各地教育行政部门要统筹规划、协调指导、积极支持教师教育课程改革工作。高校把教师教育课程教学改革和实施《教师教育课程标准（试行）》列入学校发展整体计划，集中精力，精心组织，抓紧抓好。要建立和完善强有力的师范生培养教学管理组织体系。加大教师教育经费投入力度，确保教师教育课程改革工作所需的各项经费。

第二节　课程设置保证送教下乡培训质量

"送教下乡培训"旨在通过送培团队深入课堂，聚焦教学问题，实施现场指导，着力提升乡村教师课堂教学能力，同时带动校本研修。创新乡村教师培训模式，提升乡村教师培训实效，为乡村教师专业化发展提供长足的保障与支持。该培训由省市教育行政部门统筹规划，建立培训机制保障；区县教育行政部门制订计划与实施方案，区县研训机构与高等院校协同开展。按照"四个环节"（诊断示范—研课磨课–成果展示—总结提升）实现"五到"培训，即服务到村校，送培到课堂，指导到现场，支持到校本，聚焦到个人。其培训质量受到多方面因素的影响，送教下乡的培训内容设计是否符合当地的乡村教育现状，各个地区的农村教育都有其特殊的地方，因此在培训内容上针对性就显得及其重要了。但是目前的乡村教师教学水平、工作年限、受教育水平、自身能力以及教学理论与教育理念的不一而足，这都导致送教下乡培训不能一概而论，需要从培训的课程设置上进行针对性的把握，根据具体的内容构建与设置符合乡村教师客观需求的培训课程，以此解决乡村教师的教育积极性缺失的问题，同时解决乡村教师实际遭遇的教学困难。由此可见，送教下乡课程的设置直接关系到送教下乡培训质量的好坏。

一、送教下乡培训课程设置提高乡村教师认识

送教下乡培训课程建设是保证送教下乡培训质量的关键所在，这一现象表现在，送教下乡培训能够在对乡村教师培训的过程中提高乡村教师对于教育的认识。以高度的教育认知，搞好送教下乡培训课程的设置，能够更好地使得培训内容得到细致的分析，从而使得参与培训的乡村教师更好地吸收并运用。培训质量是国

培送教下乡培训的生命线，要提高其培训质量，就要从培训课程做起。

送教下乡培训的课程建设是一项复杂而又多样的系统工程，涉及受训对象乡村教师教育工作的方方面面，需要相关教育部门与参与者各方面的支持和帮助。需要充分调动送培团队的教师与受训的乡村教师，还有教育专家学者，积极开展国培送教下乡的课程改革和建设。乡村教师长期工作在乡村教育的教学第一线，其教学、科研和社会实践经验丰富，所遇到的问题都是实际教学中的高概率问题，或者说乡村教师所遇到的问题表现出来的都是直接影响乡村教育发展的客观问题，这些问题都是十分棘手，不好解决的，乡村教师是了解乡村教育的最新问题与现状的人，这样的教师实际上十分明确乡村教师的教育现状，这样的人在一定程度上是送教下乡培训内容的提供者与课程设置的参与者，并且这种功能的表现比之教育专家更为重要，因此这些乡村教师在了解乡村教育现状不弊端的前提下，体现者农村教育发展的最新动态，自然也就担负送教下乡课程建设的具体工作，因此，乡村教师认识提高后其思想认识也在不断地改变，这就要求教师培训必须重视课程建设，而这也成了送教下乡的使命所在。各部门领导要帮助解决实际问题。尤其是政策要倾斜，经费要保证。对搞得好送的教下乡培训课程建设要给予表彰和奖励，使他们自觉地参与培训教学改革，参与送教下乡培训课程建设。

二、送教课程设置能够明确培训质量标准

送教下乡对于乡村教师的培训质量是一个不定的变量，换言之，这种培训成果是没有准确的评定标准的，但如果在送教下乡培训的课程设置上做到规范化、标准化以及内容的合理性与评价，这样的培训课程设置本身已经成为送教下乡培训的质量标准。如此能够更好地使得受训的乡村教师在送教下乡的培训过程中做到有标准可依，不至于成为应付了事，任务式完成，这样能够对于送教下乡培训的质量做出保证。

基础教育不同与高等教育，因此在教师培训上所针对的实际内容也是云泥之别，因此在送教下乡消失培训的质量上也就变得多样了。送教下乡教师培训质量是个多维的复合概念，其标准是适应性、多样性和发展性的统一。适应性是乡村教师培训的培训内容、课程设置、教育质量的本质属性，是送教下乡教师培训的基本功能，是实际教学行为检验送教下乡教师培训教育质量的尺度。多样性是送教下乡对乡村教师培训教育质量的第二属性，是保持和传递人类已有的送教下乡

教师培训成果，也是培养乡村教师的综合素质，发展教育理念、教学理论以及教学技能，满足农村教育对乡村教师的开发和应用等。课程设置要不断地总结、探索与实践，建立出一套操作性和针对性强的合格课程、重点课程、优秀课程建设的质量标准。经过统筹规划，分期、分批建设，采取自评自建与集中组织审评相结合；普及与提高相结合；少数重点课程、优秀课程与合格课程相结合，深入研究送教下乡教师培训教学的改变，提高送教培训课程建设的功能和实效性。我们必须强化改革意识，转变学习与培训的观念。发展性是送教下乡教师培训教育质量的第三属性，是随着送教下乡教师培训教育的发展而变化的，是适应性质量的衡量标准。既要继承传统，又要突破前规；要从教育观、质量观和人才观方面转变认识；要从送教下乡培训课程的地位和作用，课程的特点和学科的横向联系上进行探讨；要从送教下乡培训的教学模式、教学内容和教学方法上进行探索；要从传授教学知识、提高教学技能和培养教学创新能力等方面进行研究。使乡村教师培训通过 2 ~ 3 年的教学课程建设，绝大多数的培训课程达到高水平，并创建具有特色的省内重点培训课程，使送教下乡的教师培训的整体教学培训水平再上新台阶。

三、搞好送教课程建设，要认真分析课程现状

从乡村教师以及乡村教育的现状分析得到的结论是，必须实行送教下乡的乡村教师培训，因为这既是乡村教师自身发展的需要，也是乡村教育发展的客观要求。众所周知，要使得送教下乡培训的质量得到保证就必须培训具有实用性的内容，换言之，就是说能否解决乡村教师在教学与生活中所遭遇的实际困难才是评定送教下乡培训质量的标杆。而这一标杆，可以由乡村教育的现状分析后所进行的送教下乡培训课程的设置决定。因此，乡村教育的现状变化也要求送教下乡培训课程进行合理设置。

通过对各地区乡村学校以及文献查阅都表现出了不少乡村学校的办学条件十分简陋，教学环境也相对较差，需要建设的项目很多，这是硬件条件上客观性的限制，并且在短期内得到全面的改善是不现实的，尽管国家大力进行教育投入，但我国幅员辽阔，乡村教育的硬件水平又各不相同，这也造成了无法直接从改善乡村教学硬件条件来改变农村教育现状，因此这一切重任直接落到乡村教师的身上。要改变乡村教师的教学水平，也就是直接解决乡村教师在教学中所遇到除硬

件条件外所有的问题，这就需要具有针对性的培训课程设置了。合理、科学以及实用的乡村教师培训课程设置才能保证乡村教师得到收获，解决教学问题，成为培训质量的保证。

　　笔者认为，我们必须根据现有的送教下乡课程设置现状，结合乡村教师培训继续教育形势发展需要，抓住主要矛盾。对提高送教下乡培训教学质量影响大的关键是课程建设，如对一些开课率高，授课面广的主干课程，给予重点资助；从课程设置中确立一批覆盖面宽、直接影响乡村教师理论基础与基本技能的公共课、基础课和专业基础课作为重点课程进行建设，加强基础理论、基本知识和基本技能的培养；抓好专业主干课建设，以重点的培训课程建设带动相邻的系列课程的建设。送教下乡的教育部门应设立送教下乡培训课程建设与奖励专项基金，要把重点的培训课程建设和优秀课程评选作为一项整体工作，坚持评建结合，以建为主。应以基础条件好，发展潜力大，对乡村教师整体教学水平具有较大促进作用的主干学科、主干课程为对象，通过"分期分批，立项建设，评建结合"，有计划地开展地级一类培训课程建设，在合格培训课程的基础上，争创评选省级优秀送教下乡培训课程。

第三节　送教课程设置深化教师培训课程改革

　　现有的"国培计划"送教下乡培训的课程设置是自上而下，到时是否具有实用性还有待商榷，但对课程的设置却不得不重视，因为优秀的送教下乡培训课程设置能够深化送教下乡培训的课程体系改革。目前经过不断地改革针对中小学乡村教师的送教下乡培训课程体系设置主要从两个方面体现出来：

　　首先，要立足乡村教师在乡村教育过程中作为启蒙者与引导者的角色定位，了解农村中小学教师的实际需要。乡村教师是知识的传授者，尤其对于农村中小学学生而言，乡村教师是知识的启蒙者与引导者，教师应具备职业素养与专业能力，并具备良好的职业道德与学习能力，只有不断吸收和学习各种知识和技能才能促进教师实现以身示范的引领作用。其次，立足乡村教师职业发展进行送教下乡职后培训与综合技能学习。乡村教师的学习与培训一定是从某一专业、某一方向为出发点的，这是教师能够引导学生深入学习某一领域知识所必需的。因此，教师所学应是"以一点为基础，学习相关的一切"。这种学不是一般性的了解。而是要通过众多表象的认识，形成属于自己的见识、态度或技能技巧。

通过现有的乡村教师培训课程建设体系所表现的问题可以看出，现有的教师培训课程设置是乡村教师培训的类别指导，也就是乡村教师培训的课程设置直接划分了参与受训的人员以及确定了乡村教师培训的可持续性。

从另一角度来说，建设优秀、合理、科学、实用以及有效的送教下乡乡村教师培训课程，将会进一步深化乡村教师培训课程体系的改革。

乡村教师培训课程体系改革要以培养目标为依据，结合专业特点、办训层次、招生规模以及各类别培训课程在整个送教下乡培养计划中所处的地位，制定出实际课程建设目标，对培训课程及其结构进行整体优化和改革，围绕知识、能力、素质协调发展这条主线，构建新的教师培训课程体系。

送教下乡培训课程设置在一定程度上也能强化系列培训课程的建设，乡村教师的培训任务不仅仅是由送教下乡完成的，还有其他的培训与交流。因此系列培训课程包括主干课程和分支课程，以主干课程适应教学的发展，以分支课程适应教学间的交叉，融合新兴教学内容和前沿思想。充分发挥老教师的作用，由他们参与开展各学科和相关培训课程的联系与合作，切实解决系列课程之间的内容重复，前后衔接和专业课的内容更新等问题。主干课程为必修课，分支课程为选修课、讲座等，加大选修课的比例，增加乡村教师学习的主动性、选择性和培训兴趣。各种培训课程的安排相对不集中在一段时间内，而是根据教学需要和教育的不同阶段，分散在整个教学过程中，有利于主干与分支课程间的相互渗透，形成主体交叉，有利于主干课程的发展和各课程的相互贯通。

送教下乡课程的设置在一定程度上促进了合作建设课程成为培训课程体系改革重点。众所周知，送教下乡经过不断改革，在课程设置这一方面不在是仅仅由教育专家学者来进行课程设置，更多的时候是通过一线的乡村教师共同参与进行送教下乡教师培训的课程设置，这样的课程设置能够更好地针对乡村教育与乡村教师的实际情况，从而在培训过程中达到更好的培训效果。这样的方式也给其他以及送教下乡以后的课程设置提供了培训课程设置路线。

要培养高素质的乡村教师来服务乡村教育，就要加强素质教育培训，增设素质教育课程。而目前体现出来的更多的是关于教学技能的培训。而针对乡村教学素质教育培训的培训课程建设则是一个相对薄弱的环节，缺乏相关学科和师资，因此，笔者认为我们要与综合性的培训机构合作，在教学技能培训的基础上适量地加强人文、社会和自然科学的培训课程的建设，并采取促建的办法，以校际间、学科间学术交流为主进行合作。要处理好针对性与适应性的关系，更好地促进乡村教师的全面发展，从而弥补因乡村教学硬件条件所造成的不足。

一流的教师培训，无论是国际的还是国内的，都需要出一流的成果，培养一流的教师人才。而在整个培训体系中，对乡村教师的培养而言，同优秀教师与骨干教师培训教育一样，占有重要的地位。

目前，"国培计划"送教下乡培训的课程建设其目的就在于使得乡村教师的课程变得系统化，从而更好地实施送教下乡培训任务，培养出更多的能够解决乡村教学中所遇问题的优秀乡村教师。在这一角度上所表现出来的就是，送教下乡教师培训课程的设置能够深化教师培训的课程改革，使得教师培训课程不断优化。

第四节　送教课程设置利于开发与利用生成性教师培训课程资源

随着新课程改革不断推进，对于乡村教师的要求也在不断地提升。在送教下乡教师培训的过程中培训课程的设置也有了不一样的要求。在培训过程中课程意识被提到了重要位置，生成性培训作为依据新课程改革所进行的送教下乡教师培训所倡导的一个重要培训理念，已被越来越多的教师所关注。对生成性培训课程资源的开发与利用则是实现生成性培训的重要途径之一。

送教下乡教师培训以及"国培计划"的课程标准要求，送教下乡的送培团队应该充分利用已有资源，逐步推动教师培训课程新资源生成；送培团队应高度重视培训课程资源的利用与开发，充分发挥自身的潜力，创造性地开展各类活动。随着送教下乡教师培训实施的推进，打造高效培训、解决实际教学疑难和实现综合素质成为送教下乡团队培训追求的新目标，而合理开发生成性培训课程资源，就是一个构建高效培训和提高乡村教师教学能力的有效途径，也是有效增加培训开放性和活跃度的培训方式。

送教下乡的课程设置本身就是生成性教师培训课程的一种体现，但这种体现程度还不是十分明显，或者说是执行力度与贯彻力度不够。从另一个角度来说，送教下乡在一程度上是能够促进开发与利用生成性教师培训课程资源的。

　　针对传统的乡村教师培训中过于强调预设和控制的弊端，送教下乡培训倡导一种全新的培训理念——教师生成性培训。生成性培训是指送培团队根据培训课堂中的互动状态及时地调整培训教学思路和培训行为的培训形态。较之传统培训只关注培训结果的情况，生成性培训更加注重的是对培训过程的关注；在培训课程计划两种不同培训目标中，生成性培训关注表现性目标甚于培训性目标；在方法上，生成性培训多采用互动性培训方法，更能吸引参训教师的兴趣。

　　贯彻生成性培训理念非常重要的一个途径就是——合理开发与利用生成性教师培训课程资源。而这一点上送教下乡却变得尤为重要，因为送教下乡培训的课程设置就是对于送培地区进行适量的调研做出的设置，此外在培训过程中也可根据乡村教师提出的新问题不断修改完善培训内容与培训课程设置，也就是说，送教下乡培训在一定程度上能够促进生成性教师培训课程资源的合理开发与利用。

　　叶澜认为："学生在课堂活动中的状态，包括他们的学习兴趣、积极性、注意力、学习方法与思维方式、合作能力与质量、发表的意见、建议、观点，提出的问题与争论乃至错误的回答……都是教学过程中的生成性资源。"同样在送教下乡课程设置中也体现了这一点。现在很难对生成性教师培训课程资源下一个准确的定义，但概括来讲，凡是发生在培训过程中的、预设之外的、与乡村教师培训学习活动有关的可资利用的资源都可以称为生成性教师培训课程资源。

　　就开发利用生成性教师培训课程资源的必要性而言，也是有送教下乡课程设置所影响的。培训课程设置促进的生成性教师培训课程资源的合理开发与利用，那么送教下乡本身也就是这种体现。

　　送教下乡是乡村教师提升自我的一段重要的人生经历，是他们职后继续教育的重要组成部分。送培团队应该顾及受训教师多方面的提升，关注培训活动的多样性，使培训具有生成性的特征。培训不应是送培团队与受训教师单向授受的封闭系统，而是双方互动、共同提升的过程。在这个过程中会产生许多预想不到的生成性资源，送培团队应该采取各种有效的手段，精心预设培训目标与核心价值，敏感捕捉并合理利用生成性资源。力求使培训"预设"与"生成"相辅相成，增加课堂的动态性、开放性和创造性。

　　由于送教下乡课程设置并非一成不变的，而是根据受训的乡村教师提出的新问题而不断完善的，这一点是符合生成性教师培训课程特点的。乡村教师提出的问题超出了送培团队预设的范围，不能因此视为受训教师捣乱培训秩序，从而置之不理甚至觉得难堪而恼羞成怒。这种来源于乡村教师自身的独特理解，是一种非常珍贵的课程资源，送培团队应该及时发现并给予肯定和鼓励。

在送教下乡所影响的生成性培训资源开发与利用过程中也是存在一些问题的。开发利用好生成性培训课程资源是更有效实现培训目标和促进受训乡村教师全面发展的有效途径，但目前在开发利用中仍存在许多问题。首先，许多送培团队的教师生成性培训意识淡薄，开发能力不足，没有从预设课程中引导出生成性资源；其次，生成性资源流失严重，送培团队不能及时发现生成性教师培训课程资源；最后，培训课程预设缺乏弹性空间；最后，对于生成性资源的开发过于形式化规定化。

开发与利用这些问题的原因总结为四点：一是送培团队缺乏生成性培训理念，或者没有真正领会生成性教师培训课程资源的内涵；二是难以转变已有的培训习惯，没有以受训教师为本；三是送培教师单一的知识结构和培训艺术的欠缺；四是传统培训评价管理机制的制约。

送教下乡培训课程是对生成性培训课程资源的促进作用下，对开发利用生成性教师培训课程资源的建议需要针对这些突出的问题，笔者经过思考分析，认为可以从如下几个方面提高开发利用生成性培训资源的水平：

1. 转变送培团队的教育培训观念，突出资源意识，增强送培教师的资源开发能力和教育敏感度。

2. 倡导自主合作探究式学习。彻底扭转送培教师权威观念，把学习的主体地位还给受训教师。抛弃不合时宜的陈旧培训模式，不再"满堂灌""一言堂"，而是把乡村教师当做全面发展的独特的个体。从受训教师合作探究中迸发的思想火花引导出有价值的生成性教育资源。

3. 给予送培团队充分合理的培训目标的弹性和课程安排的自由。现行课程标准相较于过去的培训大纲，最为明显的就是将过去命令式的硬性规定改为有一定弹性空间的建议，这是培训改革很明显的一大进步，这就从规章制度上给予了送培团队应有的组织培训权利。广大送培团队应该好好利用这一权利，增强培训预设的弹性，根据受训教师情况适时调整预设的内容，关注培训情况，引导或开发生成性培训课堂资源。

4. 注意保护受训教师的探究精神和好奇心与针对性，注重培养受训教师的创造性思维品质。

5.建立趋于合理化的送培教师评价管理机制,多元化评价教师培训工作结果。

虽然笔者强调生成的重要性,但有一点需要注意:生成与预设是有机结合、相互辅助的。追求生成性教师培训课程资源与培训漫无目的完全不同,培训生成是培训上按预设的培训计划实施时出现非预设的思维火花,在火花充分燃放后再回到预设的轨道。注重生成并不否认预设的重要性,开发利用生成性教师培训课程资源也并不是不需要备课。这些问题归根到底还是要从送教下乡的培训课程设置入手,总而言之,送教下乡教师的培训课程设置促进了生成性教师培训课堂资源的合理开发与利用。

第五节 送教课程设置保证培训的可持续发展

众所周知,送教下乡培训对于乡村教师的培训并不是"一锤子买卖",而是可持续性的送教行为,而这样持续性的送教下乡培训,如果送教杂乱无章,没有系统化自然不可能长久地持续下去,而支持着送教下乡培训持续进行的就是送教下乡的课程设置。合理、优秀的送教下乡培训课程设置,使得送教下乡培训变得标准化、系统化,避免了培训内容的缺失与重复,更够更加高效地开展培训活动,从而更好地促进送教下乡培训可持续地、有效地进行,实现培训的高效。

乡村教师送教下乡职业教育培训可持续发展的基本含义在于,送教下乡的培训时长与内容能够分层次分阶段分内容地递进进行培训。1980 年,由世界自然保护同盟等组织发起制定的《世界自然保护大纲》中,第一次提出了可持续发展思想。随后,可持续发展思想不断丰富和发展,并成为社会生活中普遍适用的原则。所谓乡村教师送教下乡培训教育可持续发展,是指送教下乡针对乡村教师培训教育时坚持以乡村教师为中心,遵循培训教育发展的客观规律,正确处理乡村教师自身综合素质的提升与乡村教师和乡村教育之间相辅相成的相互关系,构建和谐的培训发展运行机制,使送教下乡对于乡村教师的培训始终保持可持续发展的生机和活力,培养具有可持续发展能力的、能够解决乡村教育实际问题的优秀教育人才。

概括而言,送教下乡培训的可持续发展主要体现在两个方面:一是送教下乡教师培训所培养的乡村教师充满生机与活力。即送教下乡能够为乡村教师的自我提升与农村教育的发展提供智力与行动支持，为农村教育部门提供有效的人力资源升级与再分配，并有效地促进乡村教育的均衡发展。具体到每个培训专题内容的设置和课程建设而言，就是专业设置要以职业和区域教育为导向，专业培训教育中注重两个能力的培养，即职业岗位工作技能（就业能力）的培养，以及教育职业生涯可持续发展能力的培养。二是教育自身的可持续发展，即保持培训教育系统自身的持续发展的生机和活力。包括培训教育系统与乡村教育接轨的能力、创新与完善的能力等。

无论从哪一个方面来看，送教下乡教师培训课程的设置无疑都对送教下乡培训持续性的发展起到了有效的保障，也是因为培训课程的设置保证了送教下乡培训具有持续发展的能力。

专业培训课程的设置及其对送教下乡培训教育可持续发展的作用表现在以下几点：

首先专业培训课程设置包括两大部分：专业理论知识培训课和专业能力培训课；其次专业能力课还应该包括（初级）职业能力课和职业能力提升课。

就专业理论知识培训课设置而言，专业理论知识培训课主要是指一个教学学科与内容所指向的教学领域运作及其工作的基本规律、原理、知识、方法论等。此类培训课程的培训目的有三：第一，乡村教学的入门培训教育。通过课培训程教学，使受训乡村教师从宏观层面、规律层面认识乡村教育发展及教学工作，起到教学入门培训教育的作用。第二，为教学能力培养做准备。理论培训课程设置的学习为后续的教学技能能力课进行必要的知识准备，使教学能力课的培训更加有序、高效。第三，为乡村教师职业生涯可持续发展奠定基础。虽然送教下乡的课程设置注重能力和技能的培养，但在乡村教师培训教育的纲领性理念中，仍然提到了"必要的理论知识"素质，因为众所周知，理论培训能够培养乡村教师的理性分析能力、逻辑思维能力，理论知识基础是乡村教师具备发展潜力的必要条件之一，培训课程设置环节上必须给予充分重视。当然乡村教师培训的理论知识培训应体现乡村教育的特点，即理论教学精简、实用程度，并且以后续的教师教学能力培养的知识基础需求为依据进行课程设置，从而保证送教下乡教师培训的可持续发展。

就送教下乡对乡村教师的培训课程设置中专业能力培训课程设置而言，乡村教师专业能力培训课设置对乡村教师教学能力建设具有可持续发展的作用。

　　乡村教师专业能力培训课设置是送教下乡培训的核心环节。乡村教师专业能力培训课的设置和开发依据行动体系模式、工作过程导向进行。工作过程是指"在教育过程为完成一件教学工作任务并获得教学工作成果而进行的一个完整的教学工作程序"，基于教学工作过程系统化的培训课程的名称和内容不是指向科学学科的子区域，而是来自乡村教学行动领域的工作过程。教师专业能力培训课包括教学工作职业能力培训课和教师技能能力提升培训课程的设置，教师技能能力课是指一种教学所需的基本能力，教学技能能力提升培训是指在教学能力培训课的基础上进一步进行的要求更高的提升性能力培养。通过乡村教学工作过程导向的培训课程模式教学，能够有效地促进乡村教师教学能力的培养。送教培训课程设置基本步骤如下：第一，教育职业工作岗位界定及工作任务分析。以教育职业工作岗位为起点，进行教学工作任务分析。此环节的进行地点为学校，参与人员为教学工作人员、培训课程专家和送培院校教师，以"国培计划"课程标准为依据，采用问卷、访谈、研讨等形式进行。第二，教学行动领域归纳，进行教学工作任务、能力需求分析与归纳。此环节的进行地点为送培地址，参与人员包括乡村教学工作人员、课程专家、送培院校教师，主要采用研讨（头脑风暴）等方式进行。第三，培训领域转换，将教学工作过程及其相应的能力需求转换为培训课程设置。此环节的地点为根据具体情况而定，参与人员为送培教师、课程专家，以认识规律进行排序，采用研讨（头脑风暴）等方式进行。此时培训课程设置工作已完成，接下来进入具体的课程开发。第四，培训情境设计，进行各门培训课程的开发。

　　这种培训课程开发的过程方法能够有效地促进送教下乡教师培训教育专业内容的可持续发展，具体体现为两方面：

　　首先，培训课程开发强调教育职业性原则，切实地实现了"打破学科体系、建立（教学）行动体系"的培训教育理念，由于能够以培训需求为依据，所培养的乡村教师的实际能力与农村教育需求接轨，契合了送教下乡进教室培训教育可持续发展的根本——符合教育需求、提高乡村教师教育教学能力。

　　其次，送教培训工作本身与农村教育实际紧密衔接，充满活力及可持续发展能力。培训工作过程导向的培训课程设置过程与农村教育密切联系，实行送培团队与当地教育部门共同开发，培训课程设计人员由送培院校、教育部门以及一线的乡村教师共同组成，打破传统的专家独立培训课程体系，以乡村教师实际教学工作分析为起点，从机制上决定了其较强的培训课程设计、培训教学方面的创新性、持续完善和更新性。

　　综上所述，教师培训课程的设置是送教下乡培训的重要组成部分，同时也是送教下乡培训更够持续发展的根本原因，优秀合理的进教室培训课程使得送教下乡教师培训不同于传统的教师培训，变得充满活力，更具生命了。

第五章 送教下乡培训课程资源设置途径

    "国培计划"送教下乡加快城乡教育均衡发展，是缩小城乡教育差距，最大限度发挥"城乡互动、相互促进、共同发展"的重要培训手段。但在实际培训中，实践者往往依照自己的想法，派一两位专家教师搞几个讲座或上几堂示范课，与参训者的实际需求并不适合，与参训者的培训要求也相去甚远，这样导致培训效果不尽如人意。造成这种现象的根源就在于送教下乡课程设置的有效性问题。优秀合理的教师培训课程资源设置，可以直接规范乡村教师培训的内容与方式，从而解决乡村教师在教育中所遇到的实际情况。从这一点来看，对于送教下乡培训而言，培训课程设置的重要性就显得不言而喻了。而如何进行培训课程设置即对培训课程设置途径的研究分析，也成为研究送教下乡课程设置的重要角度。

第一节　送教下乡培训课程设置总体思考

    与时俱进，弥补培训教材相对"滞后"；以生为本，高度关注动态生成；学以致用，从社会的需要出发，在实践中升华体验。合理开发和利用送教下乡培训课程资源，从而更好地展现培训课魅力，展示培训风格和风采，增强送教下乡培训课教学的实效性。

    依据新培训课程理念，打造精彩培训课堂，达成培训教学目标，提升培训教学实效，离不开培训课程资源的支撑。而合理开发和利用培训课程资源是培训课程改革顺利达到"三维"目标，促进受训乡村教师全面发展，有效提高教育教学技能的重要保障。因此，在送教下乡教师培训教学过程中，笔者进行了一些简单的分析。

一、与时俱进，弥补培训教材相对"滞后"

根据"国培计划"送教下乡教师培训课时代性强，需求性强的特点，将教师培训课教材中相对"滞后"的部分素材，结合形势热点和教学现状进行修改补充，捕捉富有时代气息与针对性的培训教学内容来充实和丰富乡村教师培训课堂。使送教下乡培训"背靠时代新天地，面对时代大舞台，站在时代最前沿"，和着时代的节奏和节拍以及新农村的发展，与时俱进。在组织送教下乡培训教学时，为突出时代性、实际性与常规性布置乡村教师对新培训课内容结合新农村发展进行预习，自主完成"新农村教育"，并在培训课前5分钟进行展示，以此引导乡村教师对于区域性教育性现状做到知其然与知其所以然，同时开发新热点素材到送教下乡培训课堂。尤其注重引导受训乡村教师运用培训教材观点分析实际乡村教学问题，达成既理解和把握理论知识，又提升情感、态度和价值观。

所谓时代性，就是与时俱进，解决培训课程与教材的滞后问题，主要表现在两个方面。从广义上来说，与时俱进是指送教下乡教师培训的培训理念与培训模式结合时代发展与需求进行改变，采用更为科学与先进的培训方式进行乡村教师的培训，也是以这样的方式来对送教下乡的课程进行设置。以时代性需求这样的途径来作为送教下乡课程设置的来源本身是不错的，与时俱进的修改教材与培训方式很大程度上能够增强乡村教师参与送教下乡培训的积极性，但从另一个角度来说这样的教师培训内容在实际的乡村教学中的运用是有些脱节的，或者说是操作条件的缺失。从实际上来说，与时俱进的这个"时"所指的是农村教育随着时代变化的具体变化情况，这就也是笔者认为的送教下乡教师培训课程设置的根本途径，因为只有抓住乡村教育的"时"才能了解乡村教师的实际需求，从而反映到送教下乡的培训课程设置上。这一课程设置的途径，有效地促进了送教下乡培训课程的设置。

二、以人为本，高度关注动态生成

所谓课堂动态生成指教学过程中即时生成的、超出教师预设方案之外的新问题、新情况。在送教下乡教师培训过程中也是如此。教育专家学者调研所设置的培训课程，在本质上只是一种初始培训课程，这一培训课程并非一成不变的，它会随着受训乡村教师不断提出的新问题而不断地修改完善，这些都表现了送教下乡培训课程的设置途径还存在与培训过程中的动态生成不相适应的问题。送教下乡培训课程随着培训环境、培训主体、培训方式以及乡村教师学习方式、学习主体、学习环境的变化而变化，根据送培团队的培训教师对于受训教师所提出的新问题的不同设计和处理可呈现出不同的价值，使送教下乡培训课堂呈现出动态变化、生机勃勃等特点。

送培团队根据受训乡村教师不同的个体特点和可能出现的思考角度，以及可能会出现的解决方法、搞好送教下乡培训教学预设，促进受训教师与培训课堂各要素的交互作用，帮助受训乡村教师生成新经验，使送培团队的培训教学做到既胸有成竹又不乏灵活机智。同时，在送教下乡培训中针对受训乡村教师在教学、生活与思想上的困惑，随时进行思路点拨和答疑解惑，对受训教师的思考回答给予适当的肯定和鼓励，在保护生成性资源的过程中促进新知的生成。

动态生成对于送教下乡课程设置的重要性来说，动态生成是一个在初始培训课程基础上对送教下乡培训课程设置修改完善的过程。因此对于这一培训课程设置的有效途径应该具有计划性的吸收，做好培训课程的预设，以及开展专门的动态生成课程，从而在实际的送教培训过程中引导提出对于乡村教师具有实际的针对性的教学困难，专家学者再根据这些问题思考解决办法，从而对于送教下乡培训课程做到二次修改与完善，使得送教下乡的课程设置最大限度地体现出它的针对性与适用性以及有效性，做到送教有效，送教真正提升。

三、学以致用，从教学的需要出发，在实践中升华体验

时代在发展，唯有实践之树常青。从乡村实际教学需求的角度开发课程资源，培养乡村教师综合素质，可以让乡村教师将来较好地适应农村特殊的教育环境与教学现状。同时，乡村教师的送教下乡培训归根到底还是要落到乡村教师对于乡村的实际教学中，而不是纸上谈兵。培训内容的实践性是对于课程设置的直接检

验，实践性的再度反馈也是送教下乡课程资源的又一重要途径，切实不可忽视。送教下乡教师培训课程教学旺盛生命活力的源泉正在于，培养乡村教师运用所培训的知识正确地认识和解决乡村教学的实际问题，提高参与乡村教学工作的能力。因此笔者认为，送教下乡的送培团队应该强调"培训课程的实践性和开放性提倡，"强化培训过程中的实践环节，丰富培训教学内容，注重将乡村教师的关注点转向广阔的教师职业与乡村教学的发展上。通过培训课程中的探究活动，指导乡村教师实际教学、交流教学、试讲、竞讲等实际上的实践行动。对所培训知识加以证实和合理应用，可以达到在实践中升华知识和情感的体验，培养乡村教师正确的教育"三观"，为乡村教师消失的职业发展奠定坚实的思想政治基础。

比如，笔者认为在实际的送教下乡培训过程中应该发挥受训乡村教师的主体作用，挖掘贴近农村、贴近乡村教师生活的资源，从农村教育真实的需要出发，让乡村教师在实践的体验中领悟和感受知识的生成，升华体验培训知识的魅力和现实作用，从而提高乡村教师能力、陶冶教师情操。例如有关教学技能与教学思想等问题，成为影响乡村教师提升自我综合素质与推动城乡教育均衡发展的阻碍因素。乡村教育的发展需要乡村教师对于这些问题有必要的了解与认知，更需要乡村教师以自身的提升成为消除这些问题的积极因素。笔者认为，送教下乡培训团队要对此做出回应，可以把先进的教学理念与教学技能，以及乡村教师职业规划等内容作为送教下乡培训课程资源进行开发，并整合进送教下乡培训的课程中来，这样根据乡村教育的实际需求开发送教下乡课程资源，对于乡村教师的自我发展也具有深刻的积极作用。

总之，有效的开发送教下乡培训课程资源，彰显送教下乡培训特色，利用丰富而有针对性的资源，帮助乡村教师将知识转化为信念，内化成行为，促成乡村教师生成正确的乡村教育与教学技能知识、情感态度价值观，形成正确的价值判断及其行为选择，为做一个合格的"乡村教育者"奠定必要的知识和觉悟基础。从而更好地展现教育魅力，展示送教下乡培训风格和风采，增强送教下乡培训教学实效，推动教师自身发展与教育均衡趋势。

第二节 "国培计划"课程开发简析

培训需求是培训的现实起点，培训目标是培训的预期终点，培训课程是起点和终点的连接线路。"国培计划"课程开发应基于培训需求，照应培训目标设置模块课程、拓展性课程，关注隐性课程，同时实行授课教师和课程淘汰制，促进课程的动态循环。

"国培计划"实行以来，耗费了不少的人力和物资，随着培训的进行，其有效性也越来越受到各方的关注。在决定培训有效性的各要素中，培训课程的设置至关重要，甚至可以说培训课程的设置直接决定着培训的质量和水平。而科学的课程开发应基于培训需求。

一、培训需求

培训需求是培训的现实起点。"国培计划"是高水平的职后教师培训，培训既要符合教师职后教育的特点，又要体现国家级培训的水准，要时刻牢记培训的对象是已经接受过系统的大学专科、本科甚至研究生教育且具有丰富的一线教育教学经验的教师，国家提出"国培计划"旨在发挥示范引领、"雪中送炭"和促进改革的作用，因此，首先要在领悟国家文件精神的基础上实实在在地做好调研。

课程体系建设不仅要基于社会宏观需要、本地区教育和学校发展需要，而且要基于培训对象的岗位职责和任职条件，以及培训对象成长规律和教育发展战略目标对培训对象提出的新要求，特别是要基于培训对象的需求调查和分析，同时还要关注学科发展，积极地吸纳前沿研究成果。

二、培训目标

培训目标是培训的预期终点。根据培训需求的分析，培训机构设置培训目标要综合考虑三个层次的目标，即基于社会宏观需要的国家目标，基于受训教师地区教育需要、学校发展需要的地区和学校目标，基于培训对象自身的个人目标。

（一）国家目标、地区和学校目标

"国培计划"的提出是基于我国教师队伍建设的现实基础的。过去的层级化的教师培训体系不是面对所有农村教师，实际上是一种不公平的教师培训体系。更重要的是，城市反哺农村的渠道没有建立起来，因此，广大农村教师无法享受城市先进教育理念，无法共享城市教师专业文化的机会。为此，重建教师培训体系，尤其是农村教师培训体系已经成为最为迫切的任务。

我国地域辽阔，地区差异性大，教师队伍的数量和质量也存在较大差异。"国培计划"的实施是以省为单位的，因此，为了更加贴近地区教育实际，更有针对性和时效性，就需要国培的实施机构在同一性质的培训中根据不同地区和学校的情况进行实地调查和分析，了解不同地区不同学校在所在省处的位置与发展培训目标，同时参照国培计划的国家目标从而提出不同层次的培训目标。

（二）受训教师个人目标

国家目标、地区和学校目标的实现都要以受训教师个人的目标实现为落脚点。"国培计划"的参培教师是来自教学一线的教师，一般都系统地掌握了基础专业知识，也具备了一定的教育教学能力。从教师专业发展的角度看，"提升教师的专业能力"即是符合"国培计划"国家目标、地区目标及参培教师的现状和培训需求相结合的教师个人目标。

三、课程体系

根据需求设定的培训目标将决定培训内容的确定。要实现提升教师的专业能力的培训目标，要坚持实践取向的教师教育课程观。实践取向的教师教育课程以发展教师的实践智慧为主，赋予教师以反思的实践者和研究者的角色。在实践取向教师教育课程的开发与实施中，必须处理好理论与实践、经验与反思的关系。

（一）模块课程

1. 通识课程

针对国培学员需求层次高，不仅有操作性学习也有很强的拓展性和迁移性学习需求的特点，设计有助于学员教学风格形成和教育主张提炼的有针对性的通识课程。

（1）中外基础教育改革比较。让学员了解国外基础教育改革的情况及我国基础教育的现状和改革定位，以国际的视野引导学员领会现代教育的一般发展趋势，增强他们的使命感。

（2）教师的专业智慧。让学员了解教师的专业智慧的内涵和重要性，然后通过大量的正反两方面的案例来呈现教师在日常教学过程中的智慧与不智慧，引起他们的反思，同时可以吸纳学员的经验和反思，不断地丰富案例内容。

（3）教师职业道德和人格魅力。通过鲜活的案例和精湛的理论阐释，使学员认识到教师职业道德和人格魅力的重要性，激发他们的职业热情。

（4）教师情绪管理。教师情绪管理已是教师最新必修课，开设这门课，让学员通过案例了解教师情绪管理必不可少，引导教师体察并接纳自己的情绪，从心理学的角度分析情绪构成与变化的基础上教给学员一些调适不良情绪的方法和技巧。

（5）有效教学策略。重在引导教师从学生的学来反思自己的教，关注教学效益，关注备课策略。

（6）教师阅读学习。选取教育经典名著片段在课堂上共同学习，在体验阅读乐趣的基础上培养学员对教育的感情，并为学员推荐不同种类的阅读书目。

（7）教师行动研究。了解行动研究的意义和发展历程，通过案例来阐释教师行动研究的过程、方法和保障。

2.专业课程

专业课程强调学科教学要针对参训学员的教学实践需求。不同学科具体的课程设置和实施不同，但都要遵循课程设置的一般原则：

（1）学习相应学科课程改革的新理念、新知识、新技能，进一步更新教育观念，完善知识结构。

（2）学习相应学科课程改革的新理念、目标、结构、内容和教学要求，以案例教学为基础，解决教师在实施相应学科新课程中遇到的问题与困惑。

（3）学习并掌握专业的教育科研范式，紧密联系教育教学的实际开展课题研究，显著提高教育科研水平。

（4）进行教育教学经验交流，提高教师间相互交流与合作的水平，促进教学反思，提高教师的专业化水平。

（二）拓展性课程

拓展性课程强调体验学习，旨在提高教师的实践能力、开阔眼界，着眼于培养、激发和发展教师的兴趣爱好，促进教师个性的发展和学校办学特色的形成，是一种体现不同基础要求、具有一定开放性的课程。

1. 实践考察。通过到学校实地考察，通过同课异构、听课、参与课堂活动、与相关人员座谈、听报告、研讨等方式，了解和借鉴别人的经验，分享别人的观点与成果，并启发学员自我反思。

2. 文化考察。带领学员们到当地的历史人文遗址和博物馆参观，从历史的层面感受当地文化的特色，在文化的背景下感受教育、思考教育。

3. 团队培训。由专业的培训师进行团队培训，通过活泼的体验式、合作式活动，使学员间迅速熟悉和亲近，形成有凝聚力的团队，增强学员间的亲密感、集体意识，为学习共同体的打造奠定情感基础。

4. 教育沙龙。通过教育沙龙，充分发挥学员自身的资源价值。基于学员自身丰富的实践经验，零距离地贴近一线教师教育教学的脉搏，理论与实践的隔阂被有效打破；与此同时，其职业道德践行和专业境界养成的榜样示范作用更容易发挥出潜移默化的影响，同时也让学员更有归属感、亲近感。

5. 教育电影。选取比较经典的、有教育意义的教育电影和新闻报道，利用晚上的时间观看分享，并引导大家进行讨论，用生动有趣的形式启发学员思考。

6. 网络互动。创建班级公共邮箱和班级博客，一方面，把授课教师的课件上传，以利于学员晚上的复习、整理；另一方面，为学员们交流心得、体会或者分享自己的成果提供动态互动平台；同时也为学习结束之后学员依旧能够和培训学校保持联系提供后续的交流平台。

（三）隐性课程

关注隐性课程，"国培计划"培训高校的物质环境、制度环境以及人际心理环境对教师的培训效果都有潜在影响。

1. 培训学校工作人员的工作态度和方式对学员而言都会成为一种传递精神、负责、创新追求的"隐性"课程。教育创新始于小小细节的改变，如将小组的合作落实到位，座位按照小组方式进行摆放，而且是活动的。小组合作营造民主、平等的气氛，构建小组合作共同体，增强同伴互助，为学习的可持续性打下基础，增强学员的后续交流。

2. 在仪式和典礼中，让学员感受庄重和自豪、执着和细致才能出品位。

3. 每个人的名字都很重要，每个人的生日都不可忽视：学习效果有时会源于内心的温馨与感动。

4.在培训中认识你我、在沟通中增进感情：小小短信能寄托学员与培训者之间的深厚感情。

四、课程的运行机制

"国培计划"课程的设置不能一劳永逸，应随时根据教育发展的需求和实施效果的评估进行调整和改革，实行课程淘汰制，有利于更新培训的内容，反映最新的教育教学理念和实践需求。同时，实行培训教师的淘汰制，以形成由最优秀的授课教师构成的教师资源库，实现课程的动态循环。

第三节 "教师为本"设置课程

以人为本的乡村教师培训，从狭义上来讲，毋庸置疑，是要以乡村教师为本，但是，从广义上来讲，乡村教师培训中的以人为本还包括以学生为本。那么，为什么要以乡村教师为本？以乡村教师的什么为本？怎样做到以乡村教师为本？笔者认为，送教下乡乡村教师培训应该从现行乡村教师培训存在的问题出发，论述以人为本的乡村教师培训的必然性；提出"以乡村教师为本"的内涵；提出要做到以乡村教师为本应遵循一定的原则进行培训课程设置：以现在乡村教师的学科知识发展、乡村教师的教学能力、乡村教师的道德素养及乡村教师自身需求的满足为本；坚持课程的统一性与灵活性；保证课程的实效性。

由此看来，"以乡村教师为本"必然成为送教下乡培训课程设置的有效途径。

一、以人为本的乡村教师培训内涵

乡村教师培训是乡村教师专业化发展的必然要求，是终身教育体系的必要一环。有效的乡村教师培训是乡村教师自我实现的重要途径，是提高教学质量的根本保证。但就目前乡村教师培训的现状来看，还存在很多问题，主要包括培训对象缺乏针对性；培训内容的实时性、适应性缺失；培训方式单一、僵化；相关评价机制不健全等问题。要实现乡村教师培训的有效性，实施以人为本的乡村教师培训势在必行。

"以人为本"的乡村教师培训应该包括两方面内容：一是以乡村教师的发展

为本；二是以学生的发展为本。一方面，乡村教师是培训的主体，其主体性地位决定了乡村教师培训要"以乡村教师为本"。另一方面，乡村教师以人为本的育人理念决定了在师资建设、乡村教师培训中要以学生为本。

二、以人为本的乡村教师培训课程设置原则

美国进步主义成人教育家诺尔斯认为，成人教育必须尊重成人学习的自主性；重视成人自身经验的积累，成人的培训课程选择要与其人生发展阶段任务相适应。基于此，乡村教师培训的培训课程设置要把以乡村教师为本作为培训课程设置的核心原则，在这一原则的基础上，兼顾统一性、灵活性、实用性等原则。

（一）以乡村教师为本的培训课程设置原则

（1）以乡村教师的学科知识发展为本

乡村教师的知识水平是决定其教学质量的重要因素，保证乡村教师学科知识的不断学习与深化是学生知识技能增长的根本保障。

随着科技的不断发展、技术的不断更新，学科知识也在不断地更新，学习的重点内容也在不断地重组。乡村教师要保证自己的教学内容符合学科知识的发展，才能保证学生习得先进的科学文化知识。

（2）以乡村教师的教学能力提升为本

同样的教案不能复制出同样的教学效果，乡村教师的教学能力对教学效果起着关键作用。乡村教师最基本的教学能力包括教学设计能力和乡村教师实施能力等，具体来讲包括教学方法及策略、教具的选择与使用、对学生的指导与评价、课堂的主导与监管等。

基于乡村教师培训为提高教学质量、促进学生发展的这一目的，在乡村教师培训的培训课程设置、培训方式等方面上要不断改革创新，从显性课程和隐性课程等多方面来加强乡村教师教学能力的培养和提升。

（3）以乡村教师的道德素养提高为本

师德建设一直以来都是一个热门话题，但是师德问题一直存在。近年来，关于老师体罚学生甚至虐待学生、伤害学生的新闻频频见诸报端。把乡村教师职业道德素养的提高作为乡村教师培训的一个重点，是师德建设的一个途径。但是值得注意的是，实现乡村教师道德素养的提高，要更加注重乡村教师自身的内部反思。

（4）以乡村教师自身需求的满足为本

从乡村教师自身来说，其参加培训的目的具有多样性，包括为了促进自身专业化发展的需求，如希望学科素养、教学技能、教研能力的提升。在乡村教师的日常教学中，要求其做到了解每个学生的特点，因材施教，注重学生的个性发展。以培训为平台，对乡村教师的兴趣爱好等一系列自身需求的满足是尊重乡村教师人格、促进乡村教师个人发展和自我实现的重要途径。

（二）统一性与灵活性相结合的原则

统一性是指培训课程设置要有较大的覆盖面，要有统一的规格要求。培训课程设置要做到理论与实践课程的统一，必修课程与选修课程的统一，显性课程与隐性课程的统一。各部分相辅相成，确保学员理论够强，时间过硬；通过必修课的学习掌握宽广的、必备的基础理论和系统的专业知识；可以通过对各种类型的课程进行模块化组合实现，例如，对初任乡村教师的培训，要加大乡村教师教育课程与必修课程的比例，对于骨干乡村教师的培训，要根据其发展需要增大实践课程与选修课程的比例。

（三）实效性原则

实效性原则体现在两个方面：（1）针对培训内容而言，由于受到社会环境、家庭环境、心理素质等多方面因素的影响，乡村教师的培训需求存在很大的差异性，在培训课程设置中要考虑这种差异。所以，应为满足学员差异需要而设置课程。（2）针对培训效果而言，要确保乡村教师将培训中所学的教学理念、理论转化为教学行动，解决实际存在的教学问题。换言之，乡村教师培训的课程不一定非要是最尖端、最先进的，而应该是乡村教师最需要的，学生发展最需要的，社会发展最需要的。

合理的培训课程是影响乡村教师培训质量的关键，但要确保乡村教师培训的有效性，还要注意以下几点：一方面要健全乡村教师培训的相关机制。要加强乡村教师培训的制度化建设，确保培训有章可循。另一方面要提高社会对乡村教师这一职业的关注和认同度，以免由于经济权益、职业声望等方面影响乡村教师专业发展的积极性。

值得一提的是，以人为本作为社会主义价值观的核心，要求乡村教师要把以人为本的理念贯彻于课堂教学中。乡村教师培训是涉及很多方面的复杂的事情，要形成一个科学有效、以乡村教师为本、满足乡村教师需求的乡村教师培训体系

还要一段长期的过程

第四节　送教下乡培训课程设置途径

送教下乡培训课程是实现乡村教师培训教育目标的重要依据，对送教下乡乡村教师培训课程资源的科学开发和合理利用，是乡村教师培训成功的重要保证。开发利用课程资源，应着重做好下列几项工作：

依据《教师专业标准》和《教师教育课程标准》，选择开发课程资源。20世纪80年代以来，世界范围内掀起了新一次课程改革的浪潮，教师教育也顺应时代发展的潮流加入了这一行列。2011年，为深化教师教育改革，规范和引导教师教育课程与教学，培养造就高素质专业化教师队伍，我国颁布了《教师教育课程标准》，秉持"育人为本，实践取向，终身学习"的教育理念，从"信念与责任""知识与能力""实践与体验"几个维度明确了教师教育的具体要求。2012年，我国颁布了《中小学教师专业标准》提出了对合格教师在专业理念与师德、专业知识与能力等方面的基本要求，成为引领教师专业发展的基本准则，是教师培养、准入、培训、考核等工作的重要依据。2012年5月，为规范"国培计划"项目管理，提高教师培训质量，教育部依据《教师专业标准》与中小学教师的培训需求实际，研究制定了"国培计划课程标准"，对教师培训的目标、内容、课程安排、实施建议提出了明确而具体的要求，这些《标准》的出台，为规范我国教师培训，引领教师专业发展起到了统帅作用。县域教师培训应在深入解读《标准》的基础上，树立"遵循教师成长规律，注重培训实践取向，针对问题解决，突出专业能力提升，服务教师终身发展"的培训理念，选择或设计培训课程，真正体现教师培训的专业性。

乡村教师培训存在培训资源贫乏、配置不合理、使用效率不高、开发利用不够等问题。合理开发利用乡村教师培训的人力资源、物力资源、财力资源、课程资源，是提高乡村教师培训质量，促进乡村教师专业发展与乡村教育均衡发展的有效举措。而送教下乡恰恰是这一初始的具体体现。

习近平总书记在十八大报告中提出："加强教师队伍建设，提高师德水平和业务能力，增强教师教书育人的荣誉感和责任感。""努力办好人民满意的教育"

为新时期乡村教师培训提出了新的更高的要求，教师教育事业的改革与发展面临着新的机遇与挑战。以县级教师进修学校为主体的乡村教师培训单位在实施中小学教师继续教育中占有重要地位，承担了乡村教师培训的主要任务。但是，区县级教师培训单位总体上存在着培训资源贫乏、资源配置使用不合理的问题，已不能适应新时期开展中小学教师继续教育工作的需要。立足乡村教师培训课程建设，加强与高等院校及中小学校的联系，开发利用乡村教师培训资源，对促进教师专业发展与乡村教育均衡发展具有重要意义。

一、送教下乡培训课程资源途径

农村教育的发展离不开一支高素质的乡村教师队伍，提高乡村教师素质的重要手段是深入开展乡村教师培训，但作为保证乡村教师培训质量的关键因素之一的课程资源建设现状却不容乐观，表现为，乡村教师培训课程资源不足、课程资源内容空泛、课程资源缺乏针对性等。笔者认为，送教下乡课程设置中应该对乡村教师培训课程资源建设提出新的开发途径。

（一）根据培训需求征集课程资源

乡村教师培训的对象是乡村学校教师，只有满足乡村教师培训需求的课程资源才是有意义的。根据乡村培训需求征集课程资源可以分为三步进行：第一步，培训者深入乡村学校中，通过座谈、问卷等方式，摸清乡村学校教育现状及存在的问题，了解乡村教师教学中的困惑；也可以通过电话、QQ、微信等多种方式开展培训需求调研。第二步，在全面梳理培训需求调研结果的基础上，确定培训课程；依据培训课程定向征集课程资源或区域内公开征集课程资源。第三步，对征集来的课程资源进行初审，试用，再确定。对审定的课程资源给予奖励，激发广大教师开发课程资源的热情。

（二）在培训过程中生成课程资源

参加培训的乡村教师不仅仅是培训的对象，也应当是课程资源开发的主体，让乡村教师参与到培训中来，做培训的主人，成为培训中的重要资源。在培训中，通过诊断课堂、摆出问题，培训者、学员围绕这些问题进行深入探讨，平时教学中的疑惑就可能得到解决，这种在培训中生成的问题可操作性强，学员觉得培训收获大。这样，还能够克服过去那种专家在台上讲得滔滔不绝，学员在台下听得昏昏欲睡的情况。培训者要对每次的培训及时进行总结，认真梳理培训中提到的好做法、好经验，整理成书面文本后发给参训教师和培训管理人员，组织大家学习借鉴；对培训中生成的课程资源进行评价筛选，将好的课程资源纳入课程资源库，丰富课程资源。

（三）集中专家力量开发课程资源

乡村教师培训在帮助教师解决教育教学疑难困惑、满足教师培训需求的基础上，还要根据社会发展和教育发展的需要，满足教师的培训需求。集中专家力量开发的课程资源的重点应放在乡村教师培训的必修课程上，专家由高校教师、研训机构教师、一线教师组成。集中专家力量开发的课程资源以《教师专业标准》为指导，将师德教育作为课程资源的重点，将提高教师教育教学水平作为课程资源的重要内容。

（四）协同培训机构共享课程资源

建立学校之间、片区之间的培训者联盟，共同开发、分享课程资源。培训者联盟要根据培训者自身优势，精选对乡村教师有价值的课题，吸收培训专家，教育技术人员，中小学、幼儿园骨干教师共同建设课程资源。要保证培训者联盟成员各自开发的课程资源不重复，并能体现自身特色。为保证共享课程资源的质量，要建立健全动态课程资源评价机制，及时反馈乡村教师对课程资源的使用情况，根据反馈的情况进一步提升课程资源开发的质量，将使用后反响好的课程资源打造成精品课程。

（五）体现乡村特色定制课程资源

乡村学校虽然偏远闭塞、交通不便、经济落后、教室简陋，但乡村有着浓郁的风俗民情和独特的地理资源，这些都是天然的课程资源，乡村学校还有淳朴的留守儿童，他们是最需要优质教育资源的群体。把乡村丰富的课程资源与教师职业理想教育相融合，为乡村教师"量身定制"具有浓郁的乡村特色的师德教育课程资源，激发乡村教师爱上乡村，融入乡村，与乡村共发展的热情。据调查，现仍有近40%的乡村教师没有使用现代教育技术辅助教学。要破解乡村学校优质教学资源不足的难题，可以在乡村教师培训中开设班班通的使用与维护、课件制作、网络资源的检索与运用等方面的课程，全面提升乡村教师的信息技术应用能力，丰富乡村教师利用远程教学、数字化课程等信息技术手段。

二、送教下乡培训课程设置的需求性途径

（一）根据各类教师培训需求，精心设计课程资源

无论是"国培计划"送教下乡还是普通的教师培训项目，人们都逐渐认识到需求调研的重要性。英国的教师培训非常注重教师的谈判权、参与计划权和选择权。德国的教师进修学院也常常和州文教部、教育科学研究所合作制订教师培训计划，并且在培训方案制订前还要深入中小学校做广泛的调研，了解教师的培训需求。我国的"国培计划"采用竞标的方式落实培训项目，方案申报中历来重视需求调研这一重要环节。从目标的确立、内容的选择到方法的运用、时间的安排都得考虑参训教师的实际需求。县域教师培训，只有按需施培，因势利导，注重对教师的观念引领与能力提升，提高培训的针对性，才能最大限度地满足乡村教师的培训需要。

（二）根据培训目标要求，灵活组织课程资源

送教下乡乡村教师培训必须有明确具体的乡村教师培训目标。培训目标不同，课程的选择、设计、组织、实施必然会有所不同。以提升教师的专业理论素养为目的，以学科课程为主；以提升教师教育教学技能为目的，则以活动课程为主；提高教师参与度，注重教学交流与对话学习，以现场培训为主；超越时间限制，体现自主学习，则体现网络课程的优势。县域教师培训应根据不同的培训目标，选择灵活多样的课程内容与课程组织方式。学科课程与活动课程结合，隐性课程与显性课程结合，现场培训与网络课程结合，基地培训与流动培训结合，提高课程实施的效果，保障教师培训的质量。

（三）根据培训教师的优势与特长，合理安排课程资源

送教下乡乡村教师培训的课程不像职前教育一样有统一的标准，规范的教材，它是在教师职业成长的过程中，针对教育教学的现实难题与教师专业发展的需要而随机生成的。进修学校有限的师资必然难以满足各种类型参训教师的培训需要，在培训课程资源的设计上除了参考培训课程标准与乡村教师的培训需求，培训乡村教师的因素也是不能忽视的。再优秀的教师不可能每次培训都讲同样的内容，应考虑不同培训教师不同的优势与特长，以适应不同参训教师的培训需要，充分发挥现有的培训资源的作用，不仅避免资源浪费，有时也能收到意想不到的效果。通过变换教师、变换培训内容与培训方式，可以增强培训活力，消除教师培训倦怠。

三、送教下乡培训课程建设其他有效路径思考与探究

送教下乡教师培训的培训课程建设与改革，是当前送教下乡培训变革的主要任务，我们应当确立合理的课程体系，突出以培养乡村教师培训能力素养的课程标准，在培训中制定"教、学、做"一体的新培训模式，达到突出送教下乡培训教育课程的科学性、职业性、实用性的特点，进而培养出适应乡村教育岗位需求的实际技术型人才。

送教下乡培训课程建设是一项系统性的工程，也是提升培训质量的有效途径。作为培养乡村教育一线教师的队伍与培训形式，送教下乡需要将培训课程建设作为一项长期的任务来完成。送教下乡需要充分对农村教育调研，坚持一切从实际出发，树立牢固的科学发展观，根据地区的教育发展来进行培训课程建设。在实际完善中，要优化课程体系，建设精品课程，提升教师队伍的整体素质，只有通过不断的探索与研究，才能对送教下乡的乡村培养模式起到积极的促进作用。

（一）送教下乡培训课程体系建设需要注重整体优化

对于送教下乡来说，课程改革是一项系统性的工程，可以说每个内容都有着相互的联系与影响，在实际送教下乡培训中，每个课程都能够对其他课程起着拓展、延伸等作用。我们在建设新的培训课程体系中，需要从送教下乡培训的整体着眼，在面对整体人才培养目标的基础上，明确每个课程对整个课程体系中的作用与意义，进而才能对其课程的数量、培训内容进行设置。送教下乡需要以培养人才的岗位能力为核心指导思想来构建课程体系，不仅可以防止课程设置中的重复，还能够提高培训质量，突出送教下乡教师培训的特点。送教下乡需要保持课程设置的整体取向一致，达到各个课程能够协调发展的目的。在建设过程中，为了达到整体优化的目的，课程体系设置需要科学合理地排列，由于知识与实践技能之间有着一定的逻辑性，一些理论需要在实际操作中学习，因此我们可以将传统的"基础课程 – 专业基础课程 – 专业课"课程体系打破，设置为公共课程与专业课程两种，以培养乡村教师理论知识与实践能力为一体的课程建设目标，构建新型的送教下乡培训课程体系。

（二）送教下乡培训课程体系建设需要具有针对性

我们在构建课程体系过程中，需要对乡村教师日后从事的教学工作进行具体分析，这就决定了送教下乡教师培训课程设置的针对性。一般我们指的针对性是说送教下乡的乡村教师 未来从事的教学工作，并且能够在这些教学工作中熟练运用的知识与操作技能。这就需要送教下乡在课程设置中，重点培养乡村教师能够胜任岗位的能力与素质，并且以教学需求为中心拓展其他能力。

（三）送教下乡培训课程内容设置需要注重知识技能的综合性

送教下乡为乡村教育岗位培养第一线的教育人员，而需要的技能往往具有综合性的特点，因此这就决定了送教下乡培训课程中也需要有着综合性结构。在另一方面，由于我国乡村教育与乡村教师组成结构与实际教学情况的不断变化，这对于乡村教师来说，需要的素质也越来越高。因此我们送教下乡必须对乡村教师的综合能力进行培养，提升乡村教师的创新与实践能力。在课程内容设置中，需要将重复的课程进行重新调整，将固有的学科体系打破，让专业基础课程与专业课进行重新整合，整理成为新的课程，在课程培训中需要有着先进的内容，让乡村教师能够最快地实现素质的提高。

（四）送教下乡培训课程培训中需要送培团队与乡村教师角色的转变

在传统的课程培训中，一般以教师为主体的培训模式需要转变，由于现代课程观指出，当前的课程培训是需要培养乡村教师主动性的培训需求，这就要求我们要以乡村教师为中心，转变传统的送培团队与乡村教师的培训模式。

首先，送培教师角色的转变。在送培过程中，送培教师是培训的主体，在原有的培训模式中，送培教师主要目标就是为了让乡村教师能够通过培训获得结业的，因此一个送培教师是否具有较高的素质与专业能力都是看他在送培过程中所培训的乡村教师的平均表现，所以多数送培老师都会将自己的知识进行扩充，让他们能够理解要学习的知识，但是只有一少部分的内容是乡村教师需要的。在现代课程观念中，认为受训现场教师可以根据自己的需求来进行主动而独立地学习，送培教师可以将知识给予者的角色转变为乡村教师学习的管理者，将培训的主要任务转变为引导乡村教师的综合素质技能的发展。在20世纪初，教科文组织将"教育"定义为"组织教师学习与交流的持续活动"，因此送培教师的角色发生了转变，由原有的培训知识的传授者变成了乡村教师学习中的咨询者和引导者。可以说送培教师肩负着更大的责任，对送培教师也提出了更高技能要求。

其次，乡村教师角色的转变。乡村教师在传统的培训中都处于被动听讲的角色，很难主动地去探求知识，送教下乡在综合职业技能的培训模式中，需要乡村教师为自己的学习担负起更多的责任，因此需要乡村教师由学习的被动接受者转变为主动探求学习的角色，对自己学习有着独立性与责任感。送教下乡在课程建设中，需要让乡村教师自觉地进行学习，并且这种学习态度是乡村教师资源产生的，送培教师只需要给乡村教师提供相应的课程资源，乡村教师就可以主动地去探求专业知识与技能。

（五）加强送教下乡培训条件和优化送培师资队伍

送教下乡需要对培训条件建设加大投入，比如对多媒体设备、教材等方面的投资，对乡村教师的学习与工作创造一定的优越条件与环境。送培团队可以发挥网络机制的作用，建设先进的网络培训平台，能够为送培教师与受训教师提供先进的服务功能。相关教育部门可以让图书馆建设虚拟图书馆，让乡村教师能够在家里查阅到专业知识的资源，更快地了解教育专业课程。对于送培师资力量的优化，送教下乡需要对送培教师队伍进行严格要求，定期对送培教师进行培训与继续教育，并且对乡村教师进行分层次培训。在理论课上可以由高校教师进行教授，而教学技能实践课程则可以由乡村教育岗位第一线教育工作者或者进行过实地详细调研的教师进行教授。在送培教师队伍的录用方面，需要对能力较强与对专业有着个人见解的教师优先录用。在送培教师的培养模式方面，应当从专业技术、培训手法等方面着手，实现教师由知识型向技术型转变，提高培训质量。

第六章　国培送教下乡培训课程设置探析

"国培计划"送教下乡是乡村教师提升自身教育综合素质与推动城乡教育均衡发展的重要手段，这种乡村教师的针对性培训是具有其专业性的，讲究的是要求送教培训做到针对性、实用性以及有效性，换言之，所培训的内容都必须保证是乡村教师确实需要的，能够解决乡村教师在具体实际的教学过程中所遇到的实际教学困难。因此，送教培训对于内容以及送教课程的设置就显得尤为重要了，"国培计划"的课程标准对于当前的送教下乡培训课程设置是有相对标准的课程要求，但在实际培训过程由于受训乡村教师的动态生成，原有的课程设置并不能完全地满足乡村教师培训的需求。此外，送教下乡对于教师的培训并不是一次性或者短期的，这是一个长期的培训机制，那么这在课程的建设上就具有其明显的阶段性，而现阶段主要表现在课程设置的中期阶段，对于送教下乡的培训课程的设置就要在"国培计划"课程标注的要求下做好新的课程设置探究。

第一节　"国培计划"对乡村教师培训课程的构建总体简析

为了更好地促进"国培计划"送教下乡的开展实施、提高乡村教师培训效果以及为其他"国培计划"承办单位提供借鉴参考，笔者拟对"国培计划"送教培训项目的课程建构进行分析和研究，认为课程可以从通识教育类课程、专业技能类课程、专业理论类课程、特色活动类课程四个模块安排，同时结合讲授课、研讨课、讲座课、实践课等多样的授课方式进行，有效提高送教下乡培训质量。

为了深入贯彻科学发展观、全面提高乡村教育质量、实施素质教育，促进落后地区农村中小学教育的发展，加大中西部的建设步伐，根据党的十七大关于"加强教师队伍建设，重点提高乡村教师素质"的要求和《国家中长期教育改革和发展规划纲要》精神，2010 年开始，由国家出资，教育部和财政部组织实施，共同制定了九年义务教育"中小学教师国家级培训计划"（简称"国培计划"）。根据《教育部办公厅财政部办公厅关于做好 2011 年"中小学教师国家级培训计划"实施工作的通知》（教师厅 [2011]2 号）的精神，以提高乡村教师师德素养和业务水平为核心，以提升培训质量为主线，以加强中西部乡村教师业务能力为重点，为全国各地推进素质教育和教育改革培养一批引领示范的"种子"教师，建设高素质专业化的教师队伍。

笔者以"国培计划"中西部农村骨干教师培训体育项目的课程构建，对乡村教师送教下乡的课程设置进行分析和研究，认为送教下乡教师培训课程可以从通识教育类课程、专业技能类课程、专业理论类课程、特色活动类课程四个模块来安排，同时结合讲授课、研讨课、讲座课、实践课等多样的授课方式进行，有效提高培训质量，更好地保证"国培计划"送教下乡培训工作的实施。

一、送教下乡培训课程内容模块的设置

送教下乡培训课程是乡村教师培训的核心要素，是实现乡村教师培训目标的核心载体，是培训机构和培训者专业水平的重要标志，也是提高培训机构核心竞争力的精髓。合理的培训课程设置是指课程的内容安排符合知识论的规律，能够反映乡村教育的主要知识、主要方法论及时代发展的要求与前沿。送教下乡培训课程设置必须符合培养目标的要求，它是培养目标在课程计划中的具体体现。如何提高乡村教师培训工作的专业水准、实施高效培训的关键要素是合理设置课程。根据"国培计划"中"提高教师的教育教学的知识与技能、提高教师的专业知识与技能、提高教师教育科研能力、提高整个教师队伍素质"四个主要目标，结合受训乡村教师的实际情况，遵循针对性、实用性、有效性的目的；以乡村教师专业发展需要为核心内容；以提高乡村教师在实际教学中的实践能力为核心取向；以激发乡村教师专业自主性、提高终身学习力为基本着力点。根据培训对象和培

训目标，运用理论与实际相结合的方法，在体育项目培训内容中，设计为四个模块：通识教育课程、专业技能课程、专业理论课程、特色活动课程。

（一）通识教育类

通识教育类课程包括教师礼仪规范、师德教育专题、现代教育技术与应用、EEPO 有效教育研讨、教育科研、教学改革前言专题等。乡村教育的改革主要是教育思想理念的改革和转变。针对乡村教师的教育理论知识缺乏、教育理念滞后、教学方式单一等问题，可以采用专题讲座和研讨等方式，以最新教育理念为基础，关注教育热点与前沿问题，将当下较先进的教育理论与中小学教育相结合，通过介绍当前教育理论发展动态及基础教育改革现状，着重使受训乡村教师转变教育理念，使培训后的教师成为教育改革和素质教育的典范和先行者。EEPO 有效教育研讨，就是以当前教育界最新的教育模式为背景，通过对 EEPO 有效教学的研究和探讨，受训乡村教师可以将教学理论与实际教学环境相结合，寻求新的教学方式，努力提高教育质量，力争创造新的教育教学模式。

（二）专业理论类

专业理论类类课程包括"教学课程的备课、听课、评课""学科改发展动向介绍""学科科研方法与论文撰写""所教授学科课程标准再分析""学科科研方法与论文撰写""EEPO 教育在学科教学实践课中的应用"等。

教学学科专业理论是专业技术的根基。针对农村体育教师专业知识和人文素养较为贫乏、课堂教学内容较为单薄等问题，采用专题与讨论相结合的教学模式，介绍乡村教师专业基础理论等学科基础知识，结合最新的教师教学改革理念和趋势，提高受训乡村教师专业理论素养、科研理论水平，开阔学科视野，增强知识底蕴。

（三）专业技术类

乡村教师由于条件的限制对于教学课程以及学科安排上呈现出的是单一的文化课程，这样的教学模式无疑使得乡村教师在教学过程显得过于单调，因此对于教学技能的培训就显得尤为重要，因为教学专业技术在本质上是影响教学效果的直接影响因素。

以体育教师培训专业技术课程设置为例，送教下乡在该模块上包括篮球教学技能与课例分析、乒乓球教学技能与课例分析、健美操教学技能与课例分析、气排球教学技能与课例分析、武术教学技能与课例分析、休闲体育类教学技能与课例分析等课程内容。通过体育专业核心技能课程的学习，提升受训乡村教师专业技能水平，了解专业技能的最新发展状况。《休闲体育类教学技能与课例分析》中"突出地区特点、强调体育实践、重视学科综合"的理念，对农村体育教师的能力培养提出了新的要求，体育教师不仅是带学生锻炼身体、增强体质的执行者，同时还是根据实际情况发现新的特色地方体育项目的创新者。

专业技术类课程模块以乡村教师在学科理念、本体专业知识和技能方面的不足和欠缺，为他们提供继续学习的机会。

（四）特色活动类

送教下乡对于乡村教师的培训的课程设置还应该进行相应特色课程的设置，这些课程的设置在很大程度上能够增强受训乡村教师的培训积极性。以体育教师培训特色课程设置为例，特色活动类模块包括篮球友谊交流赛、男女气排球友谊交流赛、户外体能素质拓展活动、观摩区运会相关赛事、优质中小学体育课观摩交流、培训成果交流与汇报等。主要以培训单位的实际情况为基础，通过开展有体育特色的课程，增加受训乡村教师之间交流与学习的机会。"观摩区运会相关赛事"以大型赛事举办地的资源，观摩高水平运动员或运动队的比赛，学习大型比赛的组织、带领训练队的经验，增强业务能力。特色活动类课程模块以交流为基础，相互学习专业技能、增强业务能力为基本，通过组织比赛、专题活动等方式，为乡村教师提供学习的机会。

二、授课形式

由于受训乡村好事不同的学历背景和个体特征上的差异，以及教龄、职称、职务上的差异，导致受训乡村教师在送教培训过程的学习需求不尽相同；各个地区教育发展的不平衡等状况，要求在培训过程中必须采用灵活多样的授课形式，才能有效利用教育资源，提高培训的效能。授课对象的复杂性、体育学科的特殊性以及教学时数的限制，"国培计划"体育教师培训的授课可以采用课堂教学课、交流研讨课、专题讲座课、观摩实践课等四种形式。

（一）课堂教学课

课堂教学课是以送培教师讲授为主的授课形式，送培教师在规定的时间内，将科目内容完整教授给乡村教师，并为乡村教师解决相关学科问题。

（二）交流研讨课

交流研讨课是一种受训乡村教师和送培教师共同提出问题、研究问题、解决问题的课堂教学形式，此类授课形式人数不能太多，应进行分组或者限制参加人数。课前送培教师公布若干课题并加以介绍，每个受训教师根据自己的兴趣选择一个专题。在随后的培训教学时间里，一定时间内受训教师对某个专题进行讲解，然后大家集体讨论，最后送培教师做总结和指导。因为受训教师大多来自中小学教学一线，他们对问题的认识与见解具有普遍性和代表性，因而这种授课形式对学生日后的教学影响最大，针对性也最强。

（三）专题讲座

专题讲座是一种处于讲授和研讨之间的授课形式，送培教师以学科知识点或者学科热点问题进行授课。整个过程以送培教师讲授为主，受训乡村教师可以提问，师生也可以进行深入讨论。

（四）观摩实践课

观摩实践课可以解决的实践操作的问题，主要通过实践操作来完成，主要是观摩优秀教师或者其他受训乡村教师的教学过程，学习成功经验、分析失败原因；受训乡村教师按照教师布置任务运用所学知识进行实践教学过程，然后教师和受训乡村教师共同探讨实践教学过程的优点及不足，并进行改正的授课形式。

总之，中小学乡村教师送教下乡培训教育课程不是一成不变的，它将随着科学技术的进步和教育的发展，在内容和形式上不断加以调整与变化，始终处于动态、发展之中。因此，要构建一个科学的"国培计划"送教下乡教师培训项目培训课程体系，使其在促进中西部农村乡村教师职后培训一体化、提高素质教育质量和促进终身教育思想发展中发挥至关重要的作用。

第二节　送教下乡培训课程设置理论思考

　　乡村中小学教师培训的课程设置是提高教师培训质量的前提和保证，目前由于理论上缺乏对教师课程设置基本问题的充分研究，使教师培训课程设置出现了一定的偏差，直接影响了教师培训质量。探讨教师培训课程设置的特点，结合在职教师的实际情况，全面构建终身学习的课程体系，是提高教师培训质量的关键。

　　随着终身教育思想和学习型社会的观念日渐深入人心，人们对教师培训的重要性有了越来越清醒的认识。但是由于我国教师人数众多，教师整体素质的提高绝非一朝一夕的事，教师培训工作任重而道远。课程设置是教师培训工作的核心内容，加强对乡村中小学教师培训课程设置的研究，要结合在职教师的实际情况。全面构建终身学习的课程体系，是切实提高教师专业化水平，确保基础教育课程改革顺利实施，全面提高教育教学质量的关键。那么，如何才能建立完善的乡村中小学教师培训课程呢？笔者认为，新时期乡村中小学教师培训课程设置应在继承的基础上，坚持与时俱进，突出培训内容的先进性、先导性和时代性，增强针对性、可操作性和实效性，切实提升乡村中小学教师实施新课程的教育教学实践能力。

一、设定不同级别的培训目标

　　因为教师个体的知识、能力各不相同，而且社会阅历、工作环境也存在不同程度的差异，所以学习起点和培训需求也就会表现出不同层次的特征。因此，培训不仅要关注教师整体的提高，还必须重视教师队伍的现实差异。根据教师专业发展阶段理论，结合教师在职培训以 5 年为一个培训周期的特点，可以考虑具有 5 年以内教龄的青年教师参加一级培训，具有 5~10 年教龄的中青年教师参加二级培训，具有 10 年以上教龄的中老年教师参加三级培训。参加不同级别培训的教师处于专业发展的不同阶段，他们有着不同的培训需求，因此，培训目标也应有所不同。

二、设置多层次课程目标

教师的专业发展是一个循序渐进、不断深入的过程，教师在较短时间内达到专业成熟是不可能的，不同发展阶段的教师存在着不同的专业发展问题和需求。培训课程设置应体现出不同年龄段教师的培训需求，引导教师有意识地朝着专业成熟方向持续前进，并能为下一阶段的专业发展奠定良好的基础。

作为教师在职培训，不仅要强调目前岗位所需的"应知应会"，更要强调为适应岗位要求的发展或为下一个层次岗位所需而提高。培训不仅要有学科领域的课程目标，还应设有不同层次教师培训的课程目标，才能体现不同层次教师的实际需要和差异性。同一门课程会出现在不同层次的培训中，但由于培训对象不同，其内容的侧重点、难点都应有所不同，课程目标也应不一样。

三、课程类型多元化

为了使培训适应不同层次、不同类型教师的需求，具有很强的目的性和灵活性，需要根据现代社会对高素质专业化教师的要求以及教师职业发展的阶段性需要，进行全程规划，选择合理的课程类型，力求形成多元化的格局，既要体现出教师的共性需求，又要考虑教师个性发展的需要；既有选修课程，又有必修课程；既有理论课程，又有实践课程；既有工具性课程，又有修养性课程。培训课程由公共必修课程、学科必修课程和公共选修课程三大类别组成。必修课程是为了使教师达到规定的统一要求而开设的课程，选修课程是为了满足教师的个性发展和兴趣而开设的课程，它着眼于教师个性发展的需要，为教师的发展提供有利的空间和条件，为其独特的教育教学风格的形成奠定基础。理论课程主要涉及最新的学科知识、先进的教育理论、教学方法、科学人文知识等课程，它是教师专业能力提升的基础，而实践课程既可以使教师的职业道德素养得到提高，又可以对教师教育教学能力的提升有直接帮助。因此，既要注意培训课程的系统性和完整性，又要考虑不同层次教师的实际需要，优选具有很强实践性的课程。

四、课程结构模块化

教师专业发展的自主性导致了教师专业发展过程中的个体差异，课程设置应体现出教师的个性化培训需求，满足教师的个性发展和自我完善的需要。教师专业发展的内涵研究为培训课程的设置提供了参照的维度，培训不能只强调教师的知识、技能，过于注重教师职业生存能力方面的培训，还应考虑教师专业信念、专业态度的转变以及教师的个性化发展。因此，课程设置要能为教师的多种能力协调发展服务，应建立一种以解决问题为中心的模块化课程结构。

新课改不仅为教师的专业发展提供了广阔的空间，同时对教师素质提出了许多新的要求。新课改要取得实效性推进，教师专业发展是关键。教师培训目标、课程设置原则、课程类型和课程结构的确定都应基于对教师素质状况及需求的研究，才能促进教师的专业发展。如何在教师培训课程设置中结合教师的实际情况更好地为教师专业发展服务，是一个值得教育界持续关注的问题。

第三节　送培教师团队建设课程设置

教师队伍建设是一项战略性的任务，也是一项系统工程。团队管理是一种先进的企业管理模式，运用到学校教师队伍建设中，为的是能实现学校发展与教师个人成长的双赢。这也顺理成章地应该成为送教下乡的一种课程设置。

一、增强团队精神是核心

团队精神是一个学校内部上下同心，各部门相互支持，协调一致的群体素养，是现代学校精神的重要组成部分，是促进学校凝聚力、竞争力不断增强的精神力量。

（一）树立全局观念

团队精神的最大特点是，个体在追求自身效益最大化的过程中，最终追求的是整体的合力、凝聚力和最佳整体效益。团队犹如一盘棋，乡村教师就如同棋盘上的一粒棋子，具有明确的位置和职责。每一粒棋子都非常重要，没有无用的棋子，只有放错位置的棋子。乡村教师可以对照自身的特点以及乡村教师教育团队的需要，确定自己所处或理想中的位置，散发出自己独特的光和热，所以送教下乡培训必须引导乡村教师树立以大局为重的全局观念，不斤斤计较个人利益和局部利益，将个人、局部的追求融入到团队的总体目标中去，从自发地遵从到自觉地进行。

（二）强化合作意识

在乡村教师团队建设中尊重个人的兴趣和成就是基础，协同合作是核心。也就是合作是团队形成的一个很重要的特征，然而现实工作中乡村教师主动合作的情况并不理想。美国学者劳蒂的实证研究表明，教师在职业生活中体现明显的个人主义，"教师羞于与同事合作和不愿意接受同事的批评，教师之间并没有合作共事的要求与习惯"，在乡村教师中由于传统观念的影响，这种现象尤为突出。我国也有很多学者指出，目前大部分乡村教师持独立的成功观，没有群体发展意识。有学者通过调查发现，"有一部分教师自我中心主义极强，只关注自己的利益和兴趣，忽视他人利益，对集体缺乏责任感"。教师在教学中所持的独立成功观以及对其他教师所采取的不干涉主义的态度，尽管对教师及其实践活动中的尊严、隐私、自主、独立等品质和属性有一定的积极意义，但这种教师合作意愿的主体缺失，会使教师的教育教学行为陷于彼此孤立的境地，不利于教师的发展，不利于学校愿景的达成。

绝大多数乡村教师有崇高的教育使命感，有达成"自我实现"的意愿。立足于这个基础，首先，送教下乡培训课程要积极组织开展有关团队理论的学习、培训，让乡村教师了解合作的价值与意义；努力营造和谐的工作氛围，推动乡村教师运用系统思考的方法，养成开放的意识，分享他人的感受与看法，以反思的心态检视自己的思维和观念，在实践中追问合作的价值和意义，获取合作的成功体验。其次，乡村教师合作的运行过程应该渗透着组织性的因素，乡村教师合作并不意味着就是没有组织的宽泛合作，在很多情况下，教师是被引导着走向合作之路的。因此，作为组织管理的学校应该逐步从制度管理引导教师走向自觉合作。构建共享机制并促进机制的运行，在必要的制度规约下，教师在共享的机制中不断实践，达成合作价值的认同，将合作关系内化为责任与精神。这样的送教下乡课程设置使得乡村教师形成一股巨大的力量推动乡村教育的发展。

（三）强化信任意识

信任是团队发展的力量源泉，是把团队成员紧密结合在一起的黏合剂，是决定团队取得成功的关键因素，是有效达成团队目标的必要条件。在一个团队里，每个成员都需要发挥自己的技能、天分和全部的能力；需要分享和获取信息；需要理解他人，也需要被他人理解；需要帮助别人，也需要被别人帮助。因此，送教下乡培训团队建设课程要重视信任意识的强化，建立和维护工作场合的信任。领导与教师之间、教师与教师之间彼此信任，就能促进大家把焦点集中在工作上，把时间和精力投放在该做的和想做的事情上，促进工作效率的进一步提高；在彼此信任的氛围下，大家真诚沟通、坦诚交流、共享经验、分享彼此的思想。让教师通过自身的切身感受，产生对本职工作的自豪感和使命感、对团队的认同感和归属感，愿意把自己的思想、感情、行为与整个团队联系起来，从而使团队产生一种较大的向心力和凝聚力，发挥出巨大的整体效应。

（四）正确化解矛盾

乡村教育既有共性的规律，也有个性化的策略。乡村教师群体的成员因知识、经验、个性以及价值观的差异，面对达成目标与方法必然有不同的理解，教师之间冲突在所难免。威尔逊（Wilson，1999 年）认为教师的"专业发展必须包含一种批判性同事关系，在这样一种氛围中，成员之间既彼此信任，同时又进行不回避批评的专业对话，教师共同体要有容纳冲突和分歧的能力"。因此，在团队建设中要引导乡村教师不回避冲突，学会正确处理冲突，即学会容忍、耐心、尊重差异和聆听，能诚恳地表达自己的倾向，用别人理解的方式阐释和说明问题、营造一种自由交换意见的氛围，鼓励团队成员摊出心中的想法与经验，鼓励他人对自己的看法不断探询，实现思想与思想的"碰撞"等。正确处理冲突，能使团队成员对出现的问题深入思考，寻找更为适合的行动策略，达成目标的实现。同时，促进团队成员在团队中既服从大局，又充分发挥工作主动性与创造性，在团队中不断成长。

二、完善管理机制是关键

（一）开展以主题研究为核心的团队活动

送教下乡培训核心任务在于提升乡村教师能力，在团队建设课程的设置其目的也是同样的。乡村教师的生命质量在于业务魅力，要使教师的工作方法能与突飞猛进的时代和千变万化的现实社会接轨，乡村教师必须树立"终身学习"的理念。一方面通过制度促进乡村教师培训的自觉行为，另一方面要积极创设条件依靠乡村教师团队氛围的催化作用，促进教师综合素质的提高。立足课堂，改革校本研修方式，开展以主题研究为核心的团队活动，如生本课堂、同题异构等主题研究，让乡村教师树立问题即科研的意识，鼓励教师将教育教学中存在的困惑提出来，把问题当作课题来做，只要教师在一起研讨、交流，并通过实践和反思，团队成员发挥集体的智慧解决了，教师就会有成功的体验。同时，在研讨过程中成员之间思想得到"碰撞"，思路得到拓宽，思维得到启发，资源得到共享，促使教师将日常教学工作和教学研究、教师专业成长融为一体，形成在研究状态下工作的职业生活方式。通过主题研究，促进教师的学习，提高教师的业务素质，累积团队的战斗力。

（二）强化有效培训

1. 团队建设的培训。从"群体"或"组"要形成团队，必须加强学习和培训。培训可分层进行，一是面上的培训：利用教职工大会及开学时的专题培训时间，组织全体教职工进行团队建设理论学习，还要尽量安排专门的团队拓展训练活动，让教师有亲身体验和较为深刻的感悟，从而真正提高教师对团队建设的认识。二是点上的培养：送教下乡团队建设课程要从课题组、备课组、班科任、年段等着手，对具有团队领导能力的人员有意识地加以培养，如种子教师的选拔培养，促进他们在团队建设中发挥作用。

2. 专业发展的培训。一是立足校本培训，送教下乡既可以采取听报告、听专家讲座、推荐书目、观看录像、自学等形式加强教师的教育理论学习，也可以从各种专业报刊上摘选教育教学方面的成功案例组织教师集体学习，在潜移默化中改变乡村教师的传统教育理念，改进教师的教育方法，用先进的教学理论引领教师的教学实践，还可以充分开发校本资源，每月一次的例会制度，让一位教师介绍经验，组织大家从身边典型的骨干教师、学科带头人和优秀教师学起，取人之长，补己之短，形成具有鲜明风格的教育教学特色。二是走出校园开阔视野。提倡教师坚持学习充实自己，除了学习书本理论、搞好教学，送教下乡要尽可能地多组织教师外出参加一些学术会议、研讨活动及课堂教学观摩活动，通过走出校园获取先进的教学方法，了解新的信息，走进新课程，带出新理念。三是注意培训的层次性。同一学校教师的基本素质、教学水平和教学能力具有很大的差异，所以对教师不能进行一刀切式的统一培训，教师的培训要求和培训内容应该具有一定的层次性。可以根据教师自身的不同特点，对教师进行青年新秀、骨干教师、学科带头人等不同等级、不同层次要求制订"个人成长计划"、可持续性发展目标培训和教育理念、系统教育理论、学科技能和方法等不同培训内容的分层推进培训。通过有效培训，提升教师的专业素养和综合能力，为团队建设提供优质的人力资源。

（三）优化评价机制

评价机制的导向功能为被评价者指明了发展的方向，使乡村教育活动朝预设的方向迈进。在评价机制的建立上，应该以激发教师工作积极性，贴近教师向上的心理需要，以正确引导，鼓励进取为主要导向。送教下乡可以充分利用团队建设课程评价的导向作用，促进教师群体的专业成长，尝试建立教师团队的评价机制，是促进教师团队形成和优化的重要举措。根据学校实际，可先从最基础的备课组与班级着手制定。

1.以备课组为单位的评价促进教师教学、教研能力的提升。以备课组为单位的评价，就是把一个备课组作为一个整体来进行评价。基于教师团队建设的需要，丰富备课组评价内容，包括日常教研活动，即每个备课组开展集体备课和教研活动的情况，如参与的人数是否齐全、内容是否丰富有效等；听评课活动，指组内听评课的次数、效果等，包括执教者的备课、说课、上课，课后的研讨与总结等；教学展示，指本组教师在校内外大型教研活动中提供公开课的数量和质量，参与各级各类优质课评比和论文评选的情况，以及在各种大型活动中提供的经验交流及影响力等；课题研究，教师申报省市级课题及校级"小课题"研究的人数和效果等。

以备课组为单位进行评价，备课组成员捆绑考核，备课组有共同目标，为使共同目标得以实现，必将改变过去教师保守、封闭的工作状态，代之以开放、和谐、浓郁的教研氛围的形成。教师不仅积极参与各项活动，组员关系也会更加融洽，大家相互鼓励，相互帮助，每个人都在集体中健康成长，从而促进了教师团队的形成和发展。

（2）以班级为单位的评价促使教师人人成为教育者。班级管理，在很多时候几乎成了班主任一个人的管理，有些教师学科本位严重，只管教书，缺乏育人责任，全员育人观很难得到真正落实。以班级为单位的评价，就是班级各项工作的开展、综合质量评价等要与每位科任教师的考核成绩挂钩，凡出现严重违纪现象、综合质量评比较差等，科任教师都不能评为优秀。可以实行班级工作会诊制、学生成长导师制、家校沟通制等措施，让每个教师都成为管理者、教育者，形成以班主任为核心的班级管理团队，从而提高教育的有效性，使学生获得更全面的发展。

由强调和重视教师个人发展到强调和重视教师团队建设，是学校教师专业化发展和教师队伍建设的必然趋势。但教师团队的形成不可能一蹴而就，它需要一个漫长的过程，需要我们不断地思考、探索和实践，以实现学校发展与教师个人成长的双赢。

第四节　送培师德提升课程设置

乡村教师的职业与其他职业大不相同，社会以及其他人群对教师要求是很高的，当你的言行与你的形象稍微有点偏差，他们就会这样对你评价："你们还是老师呢？也就那样？"口气很是不满，甚至是鄙视。这些问题的解决都取决于乡村教师对于乡村教师职业等的认知与自身师德高低。"国培计划"送教下乡的课程也应该构建师德提升课程，从思想上改变乡村教师尴尬的处境与心理。教师的仪表、工作作风、言谈举止和习惯，都会潜移默化地感染学生。叶圣陶先生说过："教师的全部工作就是为人师表。"随着社会的发展，物质横流，很多教师的教育观念、人生观都发生了很大变化。很多乡村教师追求物质享受，职业理想的动机变了质。因此，很多乡村教师抱怨工作劳累、工资太低等，对工作失去了兴趣、热情，对自己渐渐放松要求，对工作慢慢懈怠，事业心、责任感和积极性荡然无存。事实上这种事业心、责任感和积极性就是我们常说的师德，也就是我们教师的职业理想。因此，笔者觉得，特别是在现在的社会大染缸里，我们必须努力提升职业理想，提升乡村教师的师德水平。

教师的言语、行为、情趣、人品是影响学生发展的关键因素，一个关爱的眼神，一句信任的鼓励，都能赢得学生的爱戴和信赖。而当教师对学生随意品头论足时，学生的内心正在对教师做出相应的评判，如果教师不尊重学生人格，教师自己的人格必然会在学生的视线中失落。在一定程度上，笔者个人认为热爱学生就是热爱教育事业。师爱的最高境界是友情，师爱的基本条件是平等。在学生心目中，亦师亦友，民主平等，是"好教师"的最重要的特征。具有爱心还是具有知识，对农村学生来说，他们更喜欢前者。农村学生特别渴求和珍惜教师的关爱，师生间真挚的情感。因此，教师对学生要倾注全部热情，和学生平等相处，以诚相待，给学生亲切感、安全感和信赖感，成为学生的良师益友。

综上所述，乡村教师的师德师风是自身形象确立的重要因素，此外乡村教师的师德师风对于农村学生的影响也是巨大的，对于学生的"三观"的塑造起到了直接的作用。同时，乡村教师师德师风也是乡村教师坚持自身乡村教育的一种动力。由此可见"国培计划"送教下乡对于乡村教师的培训也应该针对师德师风设置关于乡村教师师德提升的课程。

第五节　送培课堂诊断课程设置

近年来，送教下乡乡村教师的课程设置坚持以教学技能作为送教下乡培训课程主要课程之一。但教学技能的提升首先就是对课堂情况的认知，因此送教下乡也应该加强"课堂诊断"培训课程的设置。"课堂诊断"是指诊断者通过对课堂教学全过程的看（师生在教学全过程中的活动、表现、情感、态度）、听（师生在教学活动中交流发言和由此反映出的思维状况）、问（了解教师的执教意图与学生的内心感受）等手段，以先进的科学理论作指导，在理性思考的基础上，总结与提炼执教者的教学经验与特色，发现和研究执教者存在的问题与不足，并及时提出相关改进措施和意见的一种教育科研范式和方法。"课堂诊断"正日益走进乡村教师日常的教学生活，为广大乡村教师所熟悉、所掌握和运用。

一、集中培训研修，明晰诊断理念内涵

许多乡村教师一直认为，教育科研只能游离于教学实践之外，纵有迷人的教育理念，却不能真正服务于教学实际，成不了现实的教育生产力。因此，多数乡村教师的课堂教学没有了有效的科研支撑，执教多年却"涛声依旧"，每天都不断重复着"昨天的故事"。

近几年，送教下乡教师培训极力加强的"课堂诊断"让教育科研走下了"神坛"，走进了乡村教学第一线，给教学实践提供了现实的、具体的指导。赋予原本的"听课评课"以"教育科研"的意义，它以理论学习为根基，以现实情境为场域，以细节把握为切入，以多向思维为引领，以智慧增长为目的，为校本教研提供了极佳的契机。同时，也为一线乡村教师在提升课堂质效和走向专业发展之间搭建了一座桥梁。

送教下乡也应该邀请专家专题介绍课堂诊断的内涵价值、操作要义及成果表达。送培专家们应该高屋建瓴、深入浅出的指导、方向性的引领和理论方面的支持，以及培训时多次组织的课堂行为专题研讨、青现场教师沙龙活动和听课情况

集体点评等，让教师对课堂诊断有了重新认识：“诊断病源”是为了得到“治病良方”——课堂诊断评价绝不是甄别乡村教师上课的优劣，而是以专家引领、同伴互助、自我反思为途径，进行多层次的实践，引领一线教师对同伴、对自己的课堂教学做出反思与总结。通过学习，教师放下了心结，诊断课堂不是一味地找茬，而是为了帮助教师在教学中扬长避短，真正为教师提高专业化水平服务。

二、磨炼科研内功，提升课堂会诊水平

送教下乡针对与现在各类乡村学习“随堂听课”的制度要在“课堂诊断”课程里设置关于这方面的培训内容，学校领导每周都必须深入课堂。领导可以对每一堂课“推门”听课，同样，乡村教师也可以“推门”听取校长、副校长以及主任们的随堂课。管理层将随堂课作为行政“会诊”的重要载体，每周议课，每月发一次教学情况通报或进行集体点评。医生的诊断水平在于不断“充电”，领导的“话语权”来自于“悟学”“悟教”。为了能让自己对课堂的“诊断”正确，“处方”有效，管理人员自觉捧起了教育理论书籍，办公桌上多出了教育杂志。

“随堂听课”制度在一定范围内对学校课堂教学行为起到了良好的调控作用。因此送教下乡教师的培训在课堂诊断课程的设置中不可能忽略，但被听课的教师总有被检查、监督之“芥蒂”，加上如果领导的点评稍有疏忽，很容易导致干群关系紧张。送教下乡课堂诊断课程培训时要利用培训时机对领导进行学习“课堂诊断”的相关理论和操作要义的内容培训，并结合所听公开课例共同诊断，寻找最佳诊断切入点。送教下乡应该特别强调诊断前的交流，犹如“望闻问切”中的“问”，只有对乡村教师的教学设计和课堂行为有了全面了解、系统思考，才能“诊”得明白，“断”得准确，进而让被诊断者心悦诚服，并有所收获。

送教下乡培训课程设置要求在课程诊断培训后每位听课的领导坚持发展性诊断原则，课堂诊断要有预见性和前瞻性，善用“糖衣苦药”。在对所听课例进行评价时，不仅要善于发现和点评课堂中不符合教学规律、不切合学科特点、甚至不自觉地违背课程改革精神的问题，更要善于发现教师的“闪光点”，准确点评乡村教师的精湛教学艺术、新颖生动的教学特色、丰富鲜活的教学经验，切忌就事论事、简单说教。

三、践行模式课堂，倡导同伴互诊共研

送教下乡课堂诊断课程设置应该在推进课堂诊断行动过程中，实行课堂诊断与课堂观察、课堂观摩多途径并重方式。让乡村教师觉得课堂评价更像是一种"体检"，不只是"诊病"，更不是"找茬"，而是互诊共研。课堂评价指向教学中的扬长避短，真正为乡村教师提高专业化水平服务；指向对学生负责，诊断"病因"，给出策略，提升课堂质效。乡村教师放下了心结，互诊共研既分享了策略经验，又增进了同事友谊，实现共同进步。

通过组织新教师汇报课、青年教师比武课、骨干教师示范课、获奖教师展示课、教研组内研究课、备课组内优质课、协作区学校会课、日常随堂听课等，提供了课堂教学诊断的一个个案例，领导、教师全面参与诊断，犹如一场"全民健身运动"，逐步促使全体教师参与"教学健身"，养成自我反思、自我诊断的习惯，从而进入一种人人追求优质课堂质效、"清洗"问题课堂行为的理想境界。

教育科研的核心价值是帮助教师转变教育教学观念、改进教育教学行为、提升教育教学质效。送教下乡培训应该基于事实上存在相当一部分乡村教师教学质效不佳的情况，着力打造"以生为本、面向全体、先学后教、悟道明法、合作探究、和谐发展"的"悟学课堂"。帮助乡村教师确立"学生主体"和"提升效率"两个意识，鼓励教师先求"入格"，后求"出格"，逐步实现有效教学、优质课堂。

四、着眼持续发展，推动诊后行为跟进

课堂复诊。送教下乡"课堂诊断"培训必然要有被诊断者的行为跟进，即根据诊断出来的问题和不足，以及"会诊"的相关对策，一定要在课堂教学实践中加以改进和落实，以求进一步改善或优化课堂教学行为，更好地达到提升课堂教学质量的目的。送教下乡培训对在课堂诊断中出现问题比较集中的教师，都要组织二轮甚至三轮的专题"复诊"，了解"整改"情况和效果。学校要求全体教师都要自觉运用"课堂诊断"理念和操作方法，纠正偏差、积累经验、总结规律、提炼特色、扬长避短，不断提升教育教学水平。

结对共进。"课堂诊断"之后的学校措施跟进是结对帮扶。为了走实"送教下乡"的每一步，送教下乡应该改变以往教学过程中教师初签仪式、学期中查笔记、学期末交总结的重形式、轻效益的做法，引领师徒依据"课堂诊断"平台进

行课例研究。送教下乡确定相关对象结成课堂互诊对子，相互进入对方课堂，一方示范，一方模仿；一方上课，一方诊治；以师带徒，以徒促师，携手发展。

区域协作。送教下乡应该在培训中针对课堂诊断使受训的教师在与协作区兄弟学校的交流活动中，有同课异构、合作研讨、资源共享等多种形式，但似乎还不够丰富和深刻。以后还可以在课堂诊断的区域协作方面多做一点文章，扩张诊断区域，拓展诊断思路，寻求共同发展。"一花独放不是春"，只有与兄弟学校以更加宽广的胸怀精诚合作、有效研讨，才能形成地区教育事业的欣欣向荣。

课堂诊断是送教下乡教师培训课程设置不可缺少的一个方面，它促进了教师主动学习理论，充实学科知识，转变教育观念，改革教育教学行为，有效提升了乡村教师群体的专业素养。一批教师荣获省、市、区优课评比佳绩，而这些成绩的背后，则是送教下乡课堂教学质效和办学水平的进一步提升。当然，送教下乡在行动中也感觉到，一些乡村教师片面地理解"诊断"的词义，想当然地把研究对象都当作"病人"，一味地寻找所谓的"病症"；有些年轻教师则以此而不愿意或推托参与"诊断"。因此，笔者建议"课堂诊断"要与课堂观察、课堂观摩等多种研究方法有机结合，有序开展，以保证课堂研究有一个积极的导向。"课堂诊断"把科研工作指向了课堂，也指向了教育科研的校本化、师本化和实效化，让全体教师投身到与自己所从事工作联系最密切的研究中去。以此为契机，校本科研就一定能在课堂教学改革中发挥更大的作用，在提升教师素质方面彰显更大的功效，从而更好地凸显其在科研兴校、科研兴教中的巨大生命力。

第六节　送培精品课教育课程设置

为了促进教师专业素质发展，送教下乡培训要为乡村教师搭建不同类型的多样化的培训活动平台，让乡村教师通过"师德建设论坛""精品课程的构建""班主任工作论坛"等课程内容培训或业务辅导讲座这些平台发展专业素质，激发乡村教师发展专业素质的热情和主动性，取得了良好的教学效果。

送教下乡培训秉承"乡村教师进步，送培教师成长，送教下乡发展"的教师培训理念。为了发展乡村教师专业素质，提高乡村教师队伍教学创新的水平，送教下乡也应该开展以构建"精品课程"为培训内容的教师培训课程，实实在在实施"教师成长"的理念。

一、理念先行，重视组织管理

有什么样的理念，将决定什么样的行为。如何让乡村教师在现有的教育能力上得到提高？送教下乡应该采用"走出去，请进来"的方式，这也符合送教下乡的初衷。请专家到乡村学校指导，派骨干乡村教师参加培训，然后在区域范围内的学校展示、推广，促进乡村教师专业成长，让区域乡村教师的教育水平不断得到提升。

为强化教研工作的管理和落实，有效发展乡村教师的业务素质，送教下乡在成立"精品课程"培训课程设置的基础上，需要成立专职教研组。教研组由乡村学校校长任组长，主管教学的副校长和教导主任任担任副组长，成员由各学科思想素质高、工作态度好、业务能力强的骨干乡村教师组成。教研组作为全校教研工作的组织者和指导者，充分发挥"组织、规划、指导、服务、督查、创新"的职能，强化教研工作全程的精细化管理，努力通过培育"精品课程"，走以乡村教师教研为核心的科研兴教之路。

二、明确目标，培训骨干力量

为实现"以开发和建设精品课程为抓手，继续开展课程与教学改革的研究和实践，优化教学方法，提高课堂效率，促进乡村教师专业素质新发展"的乡村教师发展目标，送教下乡需要依据"国培计划"课程标准的指导，设置相应的"精品课程"培训课程，切实地掌握课程教学的能力。同时认真组织各科乡村教师反复学习《新课程理念下课堂教学行为操练指导》和《中小学课堂教学模式选编》等乡村教师校本培训教材，并利用课堂进行实践、培训，使他们深刻领会实施"精品课程"的重要意义，形成了初步的构建"精品课程"的共识和规划。

为进一步引导乡村教师明确个人专业素质发展的目标，实现乡村教师自主发展，送教下乡培训还应该指导乡村学校与城镇学校实施"联合机制"，扎实开展"师徒结对""以老带新"等活动，通过"校本论坛"等研讨形式，充分发挥校内学科带头人、骨干乡村教师、教研标兵的榜样和示范作用，带动新乡村教师和年青乡村教师快速成长。新乡村教师要在师傅指导下，每学期高质量地上交一份教学设计、上好一堂汇报课、写好一份教学案例、设计一个活动方案、撰写一份工作总结；教研组要对新乡村教师的工作做好个别指导和专项调研，并针对每个人写好学期工作总评。

对在校工作三年以上的乡村教师，送教下乡团队需要尽量创造条件，为他们的发展添加催化剂，缩短他们的成熟期，使他们尽早成为教学教研骨干。具体的做法是：为乡村教师的学习交流、培训进修提供便利；外请名师进行专项指导，夯实他们的教学教研基本功；为乡村教师提供常规锻炼和实践的机会；举办专题教学研讨会，为乡村教师搭建展示个人收获和风采的平台。此外，由于乡村教育的区域局限性，很多的课程都无法在实际教学中真正的得以实施，更多的是变成了走过场、走形式。因此，在"精品课程"培训课程的设置就必须根据实际针对性的路子，所设计的培训课程要能够在实际教学中对于乡村学生起到真正的作用，并且可以让乡村教师"走出去"，带着自己设计的精品课程或者培训后的精品课程进行相应的交流或者比赛，以此来增强教师的教学积极性，从而更好地推动乡村教育的发展。

三、扎实基础，开展反思交流

为进一步促进乡村教师专业素质的发展，构建高效课堂，送教下乡还需要实施建设"精品课程"的研究工程，并在乡村教师中开展丰富多彩的研究型的读书学习活动，因为在形成教学过程中课才是教师教学能力的最为直接的。除个人的书籍以外，送教下乡还需要为乡村教师提供大量有针对性的课外教研读物，鼓励乡村教师多读书、读好书，更新他们的教育理念，让他们接受先进教育教学理念的洗礼，了解教育未来发展的趋势；同时，派出乡村教师到外地取经或参加上级组织的各类教研培训学习，使乡村教师的文化素养和业务水平得到提高，为"精品课程"的构建打下坚实的理论基础和研究基础。

针对在"精品课程"建设中的理念、设计、操作等方面遇到的各种问题，送教下乡需要指导乡村学校教研组定期召开反思交流会议。会上，先由各科组汇报最近一段时间落实"精品课程"工作的基本情况，再由有关领导进行指导性点评；然后，与会人员围绕在实施过程中各自的困惑进行广泛的交流；最后，组长或副组长总结，并就大家提出的困惑和研究过程中人员的合理分工、发挥每一个参与者的优势、与日常教学工作的有机联系等问题，给出改进意见，同时，布置下一阶段的工作。

通过交流、反思和总结，大家集思广益，相互解疑释惑，取长补短，进一步明确自己教研工作的思路和方向，有效推进"精品课程"构建的进程。

四、形成体系，打造高效课堂

为提高乡村教师的教学实践能力和科研水平，送教下乡通过"精品课程"培训课程的构建，探索出一条实用而高效的农村教研之路，它就是"以问题为起点，以课例为载体，以行为研究为途径"的课程研究。基本思路为：发现问题——确立主题——学习理论——研讨课例——行为改进——发现新问题，进行新一轮研究。具体是"两阶段五环节"，两阶段是指"试教——初研"阶段和"再教——深研"阶段；五环节是指第一阶段中的"学习——备课、试教——观课、研讨——改进"三个环节和第二阶段中的"再上课——再观课、研究——反思"两个环节。

依据农村教育课程研究工作的进程，送教下乡对于此课程的培训应该采用"递进式"的方法，把课程教研活动分为三个梯级。第一梯级为诊课式的听评活动。它由乡村教师个人要求、备课小组组织，改被动式的随堂听课为主动性地请人诊课，自主开展上课、听课、评课活动。第二梯级为主题式的研究活动。它由科组组织，定时间、定主题、有计划地进行集体打磨，尽力使所研究的课程成为"精品"。第三梯级为展演式的示范活动。它由送教下乡指导学校教研组统筹安排，以"教研周""展示周"等形式，展示理念先进、技能过硬、风格成熟的骨干乡村教师的教学风采。

开展梯级教研活动，为每一位乡村教师提供了适合自己的展演平台。它以研促改，以研促教，做到"边实验边培训，边总结边提高"，这样不仅可以使得送教下乡培训的持续性得到保持，更是大大激发了乡村教师开展教学研究的主动性和积极性，使乡村教师得到新锻炼，专业素质也得到新发展，为"精品课程"的成功构建奠定了坚实的科研和实践基础。

结合送教下乡工作实际，送教下乡教研组认真组织乡村教师学习"生本"教育理念，研究"生本"教法和学法，根据"精品课程"建设的要求，积极开展"学科整合"与"探导式"的教学研究。乡村教师在实践中，灵活运用，变教材为资源；充分研究，变规定为方法；及时浓缩，变繁难为简单；理性选择，变被动为需要；区别对待，变统一为活化，倾力打造有利于学生形成"自主、合作、探究"的学习方式和培养学生创新精神与实践能力的新型"精品"课堂。

随着新课程的全面实施，促进乡村教师专业素质发展成为送教下乡团队与学校管理者应该面对而且要迫切开展探索、研究和实践的课题。相较于"精品课程"培训课程的设置，在本质上还是对于乡村教师教学技能的培训，在打造精品课程的基础上使得乡村教学水平有所提升。笔者相信，只要勇于探索、敢于尝试、善于总结，送教下乡的课程设置教研工作将会不断提高、不断完善，开创一个新的局面。

第七节　送教研究性培训课程设置

研究是一项体现综合能力的活动，它不仅对研究的知识更新，理论水平的提高很有帮助，而且对研究者的综合分析，指导、完善教育实践能力的提高也很有裨益。研究性送教培训是一种"带着问题"提高培训的方法。教师在研究性送教培训过程中，不仅加深了有关教育理论的掌握、理解，而且提高了教育教学实践能力，完善了教育教学实践工作。

构建研究性教师培训培训课程设置，首先要明确培训目标，注重优化培训结构，激发培养兴趣，以"探究""思考"为基本特征，并且营造和谐平等的送培教师与受训教师的关系，这样的培训才能得到受训教师的欢迎，也才有成功的希望。

实施新课程以来，开展了许多乡村教师集中培训活动，其目的就是通过培训让乡村教师学会研究，并通过研究改变教师的思维，促进教育教学工作，因此，如何构建研究性教师培训课程设置是当前送教下乡教师培训需要解决的首要问题。构建研究性教师培训课程设置，首先要明确培训目标，注重优化培训结构，鼓励更多的受训教师创造性地参与到学习活动中，不断提升能力，提高综合素质。

一、目标要明确

明确培训目标，是送教下乡教师培训的关键。要明确培训目标，就要加强对培训教材及受训教师的研究，做到熟悉培训教材，熟悉受训教师。其实，培训的最终目的应该是对受训教师综合素质的培养。在制定培训目标的时候，应紧紧扣住这样几点：（1）培养受训教师自主研究学习的能力。在培训过程中，应努力拓宽受训教师的知识面，激励参加过培训的教师在以后的工作中能主动参与阅读，拓宽自己的知识面。（2）培养受训教师的创新思维能力。培训中，让受训教师通过培训教材搭建的平台，紧密联系生活实际和教学经历，使受训教师在研究性培训活动中受到品德教育、人文感染和审美陶冶。

二、兴趣应培养

兴趣是人们力求认识某种事物的心理倾向，也是参与研究性培训的强大动力。兴趣的浓厚与否，直接影响受训乡村教师的培训热情和能动性。因此，培养兴趣是搞好培训的前提，培训过程关键在于送培教师不要拘泥于传统的培训方法，要培养受训教师对培训教材的热爱，让他们学起来就有劲，就能克服种种障碍，培训就能取得一定成效。培养兴趣，要贯穿于整个送教下乡培训过程。培训伊始，通过送培教师的作用，将受训教师的学习心理调整到最佳状态。在培训过程中，送培教师要充分挖掘和利用语言文字的内在魅力以及现代化教学手段的应用，灵活运用培训方法，让受训教师保持最佳的学习状态，自始至终兴趣盎然。培训临近尾声，送培教师要注重诱导，意在言外，给受训教师留下充分思考的余地，以激发受训教师进一步探究的兴趣。

三、关系持平等

师师关系的平等是指送培教师和受训教师在人格上的平等，在培训过程中地位的平等。培训的价值在于促进受训教师知识、能力、态度及情感和谐发展。送培教师的才干不仅表现为拥有渊博的学识，而且表现为善于为受训教师营造宽松和谐的培训环境。首先，送培教师必须摆正自己在培训中的位置。送培教师要做受训教师的伴游，而不仅仅是导游。所谓"伴游"，就是要自始至终参与培训的全过程，并在培训中与受训教师同甘共苦；所谓"导游"，就是要指导受训教师学习，为受训教师排疑解难。因此，送培教师在培训中，必须以受训教师为核心。其次，送培教师必须最大限度地理解、善待受训教师。再次，送培教师必须走进受训教师的情感世界，向他们敞开自己的胸怀。

四、如何在送培中成为研究型教师

当今，我国中小学课程改革的基本导向已由强调教师教授学业知识和技能逐步转化为强调学生的发展和一般能力的获得，从注重课程的标准化和统一性逐步转化为注重中小学课程发展和实施的多元化和自主性，这种转化的实现从根本上说，有利于教师素质和水平的提高。深化教育改革，全面推进素质教育，以"新精神和实践能力为重点"培养四有新人，是历史的重托，是民族的重托。乡村教育功能所发生的深刻历史变革，必然会体现在教师身上，创造型的学生只能由创造性的教育和创造型的教师来培养。这种创造性教育要求教师具有相应的角色承担能力，需要相应的专业素养。为此，教师还必须成为送教培训者、研究者，在研究中送教培训，在送教培训中成长。

送教研究性培训，是一种"带着问题"送教培训提高的方法。它比起一般性的培训，具有目标明确、时间精力集中的特点，可以有效地激发教师内在的需求和专业化发展的积极性。在整个研究性送教培训过程中，随着一个个教育教学实际问题的解决，课题研究阶段性成果的产生，教师会不断地得到成功的体验，从而会进一步激发教师专业化发展的内在需求，增强送教培训、探索的积极性。在研究过程中，会不断碰到新问题，需要教师广泛地去送教培训新知识、新理论武装自己，解决问题。

送教研究性培训是教师结合教育、教学工作进行，具有很强的实践性。在研究过程中，教师需要将课题研究的方法和策略贯彻到教育、教学活动中去，设计出能体现课题研究主旨及策略的具体教育教学方案，并运用所学的知识和理论，对教育、教学实践中的问题作多层次、多角度的探索和研究。在研究性送教培训中，教师不仅加深了有关教育理论的掌握、理解而且提高了教师的教育教学实践能力，完善了教育教学实践工作，使得教师的专业水平得到发展。

乡村教师在送教培训的过程中获取大量的有关课题研究的文献资料后，要进行分析，以达到去伪存真、去粗取精的目的。所以，在了解课题研究背景时，不仅仅是罗列有关理论和新的发现，而且要进行批判地阅读，科学地评判和选择。这些能力的锻炼和提高，对教师专业化成长很有意义。所谓送教培训研究性课程设置，即以课题研究为核心，把送教培训新知识进行教育实践和开展教育科研紧密结合起来，做到边送教培训，边实践，边提高。在送教研究性培训中，教师可以更好地得到专业化成长。

那么，想成为研究型教师，该怎么做呢？

其一，树立自信心。许多教师妄自菲薄，认为教育研究很神秘，研究型教师的目标高不可攀，因而缺乏自信，导致内在动机不足。因此，我们一定要通过送教下乡研究性课程的培训对自己增加信心，努力提高自己的能力和素质，大胆开展或参与教育教研工作。

其二，学会培训。在送教培训化和信息化的社会中，每位教师必须充分意识到终身培训的重要性，应具有强烈的培训自觉性和热情及求知、探究的欲望。让平时的培训积累成为自己取之不尽、用之不竭的研究源泉。

其三，培养良好的思维方式。

1. 开拓性。研究本身就是破旧立新的过程，因而研究型教师的思维过程应是具有开创意义的认知、尝试和探索的过程。

2. 批判性。研究型教师要具有独立思考的能力，不盲目崇拜权威，不拘泥于现有的经验，能大胆质疑和批判。

3. 新颖性。研究型教师要能多角度地思考和解决某一问题，思维活跃，能异中求同，同中求异。

其四，提高教育研究的能力。教育研究能力主要是指研究学生及教育实践的能力，是高质量教育和教师自身专业能力不断发展的必要条件。因此，在送培过程中要熟悉多种科研方法和科研规律，掌握如观察法、调查法、实验法、经验总结法、行动研究法等常用的科研方法，并主动运用于平时的研究，能独立选择、确定研究主题，设计研究方案，收集相关的研究资料，进行科学客观的分析，并能以书面的形式将研究成果加以推广。

研究重在自我反思和自我教育，这种重改革实践的行动研究对教师而言并非高不可攀，而是可以通过自己的努力去实现的。因为保证教育研究的科学化和规范化，最根本的并不在于形式，而在与运载研究内在精神的尊重——研究作为一种发现问题、分析问题、解决问题的过程，其科学和规范的核心乃是对事实的尊重，基于此，受训教师应清醒地认识到自己理论研究的劣势和时间研究的优势。从事教育研究时，不要过多地追求或企盼理论上的重大突破，而应重在通过反思、送教培训、研讨和实践等教育研究工作，实实在在地提升自己的专业素养，更好地指导自己的教育实践。

教师研究的根本目的在于改进教学，提高教育质量，促进学生的送教培训与发展，教师研究的过程就是教育教学的过程，在教育教学中发现问题、研究问题、解决问题，研究不脱离工作。由于教师研究的基本出发点是探究和教育实践中的问题，检验自己的教育教学理念和策略。因此，教师的研究与教育教学过程是"一体化"的，反思教育教学的过程，是教师对自身教育行为及其效果的分析和思考过程，具体而言也就是教师借助于学生在学习中的反应来分析、判断自身所确定的教育目标、选择的教育内容、采用的组织形式、投放的材料以及在教育过程中的具体指导策略是否适宜，并思考为什么适宜（或不适宜）。这个"为什么"是反思实践的关键所在。

第八节　送培反思性课程设置

深入分析新一轮基础教育综合课程改革和实施的状况，备感乡村教育师资问题是制约综合教育均衡发展主要的因素，要想真正消解综合课程实施中来自教师的制约作用，当务之急就是迅速有效地对在职乡村教师进行培训。笔者通过理论与实践层面的分析，阐述了选择反思型的教师培训课程设置的必然性，提出了实施这一培训课程设置的策略和思路。

一、问题提出

《基础教育课程改革纲要（试行）》中明确提出："改变课程结构过于强调学科本位、科目过多和缺乏整合的现状，整体设置九年一贯的课程门类和课时比例，并设置综合课程，以适应不同地区和学生发展的需求，体现课程结构的均衡性、综合性和选择性。"同时，规划了"学阶段以综合课程为主，初中阶段设置分科与综合相结合的课程，高中以分科课程为主"的课程结构。然而，从国家、省级实验区的实践情况，以及乡村教育送教下乡在全国各地全面启动后的情况来看，送教下乡培训效果在中小学的开设和实践普遍显得进展缓慢且效果不佳。

长期以来，我国师范教育实施的是分科教育，所培养出来的师范生只掌握单一专业方向的相关知识，缺乏对学科之间相互交融、相互渗透的知识积累和理解；只形成了单一学科教学所需的职业技能，缺乏将知识和课程加以整合并综合运用的素质和能力。而基础教育一直以来亦采取分科教学的课程结构课程设置，对综合课程关注不多，要求不高，缺乏进行综合课程改革的环境与实践平台，造成教师对综合课程教学认识不足，对组织开展综合课程教学的知识、素质和能力准备不够。当新课改浪潮扑面而来之时，用教师们的话来说，就是"根本不懂得怎样做"，表现得无所适从，手足无措。匆忙上阵，只能将学科知识和课程做简单相加或平均混合处理，结果自然是不尽如人意。

要想真正消解综合课程实施中来自教师的制约作用，从根本上说，就是要改革高等院校的教师教育，加快综合课程教师的培养。而当务之急就是迅速而有效地对在职教师进行培训。

二、"反思型"教师培训课程设置

持这一观点的学者认为，反思是教师以自身的教育教学活动为思考对象，对自己的决策、行为以及由此所产生的结果进行审视和分析的过程。它不是简单的内省，而是一种思考教育教学问题的方式。现代教师专业发展的研究认为，经验＋反思是教师专业成长的最有效途径。要求培训不在于为课堂应用提供规则与指令，而旨在提供能够在思考教学问题和实践中有用的探究性知识与方法；不是简单地进行教学技能训练，而是将其置于能够使受训乡村教师决定何时使用不同的技能的理论架构之中，即把教学技能与反思型判断的培育同时进行。具体地说，培训不仅要引导受训乡村教师重视理论的学习，更要突出培植他们"反思"的意识，引导受训乡村教师特别重视掌握"诊断性"研究方法，重视发现和解决问题、教学实践能力的发展；引导受训乡村教师通过自身的反思和研究，将教学理论转化为自己的教学理念和实践智慧，学会对课堂教学实际情境与自身教学经验的多视角、多层次的分析和思考，不断自我调整、自我建构，创造性地解决复杂变化的教学实践问题。经受这样的培训，受训乡村教师学会逐渐将自己的注意力转向了教学目的、教学行为的社会与个人后果、教学的伦理背景以及教学方法和课程的原理基础等更宽广的教学问题上；转向了一切与其课堂实践的最直接现实之间的密切关系上，他有能力对其教学行为及其背景进行思考，能够使用来自各种不同渠道的信息连接理论与实践，从多重角度分析问题，运用新的证据重估决定；能够根据艺匠型、研究型和伦理知识回顾所发生的事件，对它们进行评判，并为实现预期的目标改变其教学行为与环境。最终，受训乡村教师逐渐达到能以研究者的心态置于教学情景，以研究者的眼光审视已有的教学理论和教学实际问题，对教学的理论和实践持有一种"健康"的怀疑，并及时地把思想变为行动。

综上分析，结合我国当前基础教育课程改革的发展需要以及综合课程教师知识、素质和能力的实际状况，毋庸置疑，反思型教师培训课程设置是理智的抉择。

三、实施反思型综合课程教师培训课程设置的策略与思路

（一）教学实践是综合课程教师培训的出发点、目的和归宿

本质上说，教学是实践性的教学，教师职业是实践性的职业。教育方针政策的落实，教学理论观念的贯彻，教学方法手段的运用，只有经由教学实践才能践其言，成其行，见其效。可以说，教学实践是教学理论与观念的实验场，是各种教学问题的集结点，它为教学研究提供了问题域。客观事实证明，先进的教学理论必须与个体经验及其所处的具体实践情境相结合，才能得到有效的运用。未经受训乡村教师自身消化、咀嚼、内化的理论，很难使他们在实际教学实践中指导自身的行动。受训乡村教师只有以现代教学思想和理念为基础，以自己的教学实践作为问题域进行理性思考，从教学理念、教学需要、情绪状态等心理诱因，以及从教学方法、教学资源等技术因素上去分析、质疑或评价教学的有效性，并自觉地根据反思的结果矫正自己教学中的不良行为，这样才能不断提高其专业化水平。离开了受训乡村教师的教学实践，教师培训必然降低其有效性，必然失去其真正的意义和价值。

事实上看，送教下乡教师培训教育中受训乡村教师基本上是来自中小学教学第一线的教师，他们参加培训的目的除了学习一些一般性理论知识外，更希望学到能够解决教学问题的实践性知识。有相当数量的受训乡村教师是带着教学实践中的难题来参加培训的，希望通过培训，以及与教师、同行进行探讨、交流，达到解决教学实践中现实问题的目的。所以，送教下乡教师培训应以培训双方对教学实践的深刻体悟与全面把握为出发点，在反思、研究教学实践的过程中开展培训工作，以改进教学实践为目的与归宿。为此，培训者一方面应将理论内容尽可能结合中小学的综合课程教学实际，在参与、指导具体教学实践中，以案例教学等可行、有效的方式引领受训乡村教师分析、讨论，帮助受训乡村教师提高理论知识水平与教学研究能力；另一方面应引导受训乡村教师从经验中学习，在反思中成长，鼓励和指导他们结合自身的教学实践开展教学研究，提高自身专业素质。

可以说，教师培训走向教学实践，既是实践界教师的渴求，更应是理论界培训者的自觉转向。

（二）实施反思型综合课程教师培训课程设置主要策略

国际教师教育研究表明：教师培训采用"基本课程＋案例教学＋实践反思"的课程设置，是造就有经验教师和专家教师的必由之路。就反思型综合课教师的培训而言，案例教学和行动研究不失为行之有效的方法。

1．案例教学

送教下乡培训中运用的案例教学法，是指培训者根据培训目标和任务要求，运用精选的乡村教学教学案例，使受训乡村教师进入某种特定的教学事件和情境之中，通过组织受训乡村教师对案例提供的客观事实和问题进行分析研究，提出见解，做出判断和决策，有针对性地提高他们创造性地运用知识、分析和解决实际问题的能力的一种教学方法。

案例教学以让受训乡村教师在掌握有关基本理论知识和分析技术的基础上，通过独立思考与集体协作，进一步提高其识别、分析和解决某一具体问题的能力为目的。它的着眼点不仅在于通过案例分析获得蕴藏其中的那些已形成的教育原理、教学原则和方法等知识，还在于受训乡村教师创造能力以及实际解决问题能力的提高和发展。更重要的是通过案例教学获得的知识是内化了的知识，是在"做中学"获得自己理解了的能驾驭的知识，是有着真实背景的知识，它能立即被用到类似教学情境中去解决处理类似的疑难教学问题。

实践中，案例教学可通过以下阶段来实现：

（1）筛选或撰写教学案例

在案例教学中，培训者与受训乡村教师承担着更多的教与学的责任，要求有更多的投入和参与。就教师来讲，他有责任去选择出适当的案例，并且，如果手头没有现成的可以覆盖所教内容的案例的话，他还要自己动手撰写这些案例。因为案例是教学问题解决的源泉，是教师专业成长的阶梯，是教学理论的故乡。案例教学是以案例为核心，以案例为主要载体的。因此，培训者应充分考虑教学案例的真实性、典型性、针对性等特点，认真筛选或撰编教学案例。

（2）呈现和研讨教学案例

培训者应根据培训目的和培训内容要求，结合受训乡村教师的实际，有目的地选用语言描述、音像、电脑光盘等形式把案例呈现展示给受训乡村教师，让他们在对案例感知的同时进入特定的教学事件情境，并围绕案例开展研究讨论。

在案例教学中，就受训乡村教师来讲，担负着一定的责任，要对培训者所提供的具体事实和原始材料进行分析；讨论，并从中得出对自己日后的教学有用的结论来。培训者要引导受训乡村教师把案例中的内容与已有的知识连接起来，并通过个人分析、小组讨论、师生共同研讨等形式，剥去案例非本质的细节，揭示其内部特征以及案例与理论间的必然联系，最终提出并掌握解决问题的途径和措施。

(3) 评价与总结案例教学

讨论结束后，培训者应引导受训乡村教师对各种类型的观点和主张进行恰当的分析和评价，重申案例分析讨论中所运用的理论知识、讨论的核心，并指出本次讨论的成功与不足所在。在综合评价各种观点和主张的基础上，启发受训乡村教师进一步抽象概括出在解决教学问题上具有普遍指导意义的原则性、工具性、方法性和策略性的结论；从而为受训乡村教师将来创造性地解决教学新问题打下方法论的基础。

(4) 迁移和创新性地实践教学

案例教学的根本宗旨不仅仅是让受训乡村教师掌握一些具有普遍指导意义和广泛适用性的知识、能力和态度，其更高的目的还在于使受训乡村教师借助这些具有广泛概括性的知识、能力和态度从而能够举一反三触类旁通地解决更多的新问题。因此，在案例研讨结束后，培训者可考虑采用完成各种设计型作业（针对具体情境提出教学活动方案）的策略，给受训乡村教师提供迁移的实践机会。同时，指导受训乡村教师在现实中创新性地开展具体的综合课程教学实践，以进一步提高其创造性解决教学实际问题的能力。

在运用案例教学时，需特别关注的是，受训乡村教师是案例教学的主角，培训者是案例教学的导演。案例教学一方面强调受训乡村教师的积极参与和主体地位，另一方面亦不应忽视培训者在其中所发挥的重要作用。采用案例教学时，培训者要处理好自身在课前、课上、课后中的地位、作用和应扮演的角色。

2．行动研究

送教下乡培训中所采取的行动研究，是指受训乡村教师在培训者的指导下，为提高对乡村教育教学实践的理性认识，以及加深对实践活动及其课程依赖的背景的理解，从实际教学中寻找课题，在实际教学过程中进行研究，从而达到解决实际教学问题，改善教学行为目的的一种研究方法。它的起点是受训乡村教师对自身综合课程教学实践的不满和反思；对象是乡村教学现实中出现的具体问题；目的是解决实际教学中存在的现实问题；核心是使受训乡村教师学会批判性反思——以新视角去看待日常的和特殊情况下的教学实践。

根据送教下乡教师培训的实际情况，吸收勒温 (K. LewinLe win) 的螺旋循环课程设置、埃伯特 (D. Ebbutt Butte，1985) 及麦柯南 (Mckernan Bernanke) 等行动研究课程设置的思想，笔者认为在送教下乡教师培训中采取的行动研究可包括以下基本环节：

(1) 分析问题，确定课题。要求受训乡村教师在培训者的指导下，对综合课程教学实践中存在的问题进行分析、归纳、分类和全面的阐述，形成受训乡村教师在不同时期内需研究解决的"问题域"。并从中确定各个时期的问题重点，作为各个时期的研究课题。

(2) 收集资料初步分析。培训者和受训乡村教师进行初步讨论和研究，查找解决问题的有关理论、文献资料。受训乡村教师应深入学习有关的教学理论，充分分析并占有资料，同时获取和吸收各方意见，确定开展行动研究、改进教学的操作因子，以便为计划的拟定做好诊断性评价和准备。

(3) 制订行动方案。以大量的事实发现和调查研究为前提，从解决问题的需要出发，设想各种有关的知识、理论、方法、技术、人员、条件等如何组合，使行动研究者掌握解决问题的策略。

(4) 实施行动方案。这是整个行动研究成败的关键。这一环节的特点是边执行、边评价、边修改。在实施行动方案的过程中，注意收集每一步行动的反馈信息，从而决定下一步该怎么做。

(5) 总结反思。这是对整个行动过程及行动结果的思考。这一阶段除了要对研究中获得的数据、资料进行归纳整理，得到研究所需要的结论外，还应对自己行动过程和行动结果进行再认识和评价，对有关现象和原因做出分析解释，肯定成功和进步，找出不足和问题，实现对自己工作的有效监控，从而实现对行动计划的修正设想和形成下一步的行动计划。

行动研究这一培训方法可以克服以往培训中观念与方式相脱节，忽视教师已有的教学背景及培训时的非情境性教学的弊端，有效地避免培训中经常出现的听课时觉得有道理，做起来还是老样子的现象。受训乡村教师在教学行动中研究自己的教学情境，不仅能解决实际的教学和课程问题，还能从研究经验中获益，经由系统的、批判的反思，具体地探讨自己的实践，改变工作情境，促进自身教师专业化发展。但要全面发挥行动研究的功能，在实施行动研究时，还应注意两个基本问题：一是教育行动研究是"行动"与"研究"的联合与统一，受训乡村教师既是研究者，也是行动者，强调受训乡村教师的积极、主动、自觉参与。二是培训者是行动研究的指导者，应在整个行动研究过程给予受训乡村教师适当的指导和帮助。根据培训活动的特点和实际情况，可考虑采取灵活多样的方式来实现培训者的功能作用，如直接面谈、通信交流、网络远程指导等。

第九节　重视送培中国的"隐性课程"

在送教下乡培训初始时缺乏情感态度目标培养是目前教师培训中最普遍也是最难解决的一个问题。情感态度的学习是一个塑造情感态度的过程，具体到教师培训中就是教师在接受培训前后，对待所学知识、能力的态度，以及是否愿意在实际的工作生活中运用它们来解决遇到的问题。因此，在培训中，除设计好"知识"这条显性课程线外，也要铺设好"情感"这一隐形课程线，以便在"润物细无声中"影响参训教师的"情"与"意"，达成较好的培训效果。笔者就本人曾参加与组织过的培训案例，下面谈谈这方面的一些做法与想法，以期抛砖引玉。

一、破冰——打开情感沟通的渠道

【案例一】培训的第一个半天，班主任组织我们开展了这样一个活动：先是在培训手册的扉页，画下自己的手形，在大拇指位置上写下自己的名字；接着带着这个手册收集签名，以十分钟内收集到的名字多者为胜。教室的气氛瞬间火热起来，原来拘谨的我们因为这个命令，顾不得脸面四处活动，当班主任宣布停止时，才意犹未尽地回到自己的座位。这时，班主任问谁的签名在二十个以上，有三位同学举手，老师请这三位同学来指认自己收集到的签名的同学分别坐在哪里，那三位同学顿时傻眼了。而我们则哈哈大笑，在笑声中，感到和同学的关系亲近了不少。

一般情况下，参加培训的教师来自各个地方，对于培训之初的相互交流常有矛盾心理：一方面因为陌生，有封闭、防备和自负的心理，不愿意和他人交流；另一方面，由于每个人的阅历、文化背景的差异，又有希望交流、吸取他人所长的渴望。这种矛盾心理如果不立即加以调适，则很容易向封闭、沉默的方面转化，不利于后继学习，即使培训结束时，彼此也还是"熟悉的陌生人"。因此，针对学员的心理需求，在培训的开始，打破其思想上的"坚冰"非常重要。

所谓"冰"是指人与人之间的不熟悉与不信任，就像有一层坚冰阻挡了彼此间的交流，而"破冰"是通过适当的活动打破冰层，拉近学员之间的距离，把原来陌生的学员变为互相合作、互相信任的培训伙伴，甚至是以后一生的朋友。破冰活动，不单单是一场游戏，更是一次契机、一次融合、一次心灵之旅。

二、小组——固定情感联结的纽带

【案例二】在破冰之后，班主任让我们从 1 ~ 8 报数，相同数字的人坐在同一组，这样全班50个人分成了6组。老师布置了任务：给自己的小组定组名、口号、组徽，再派一位成员上台解释。这对我们数学老师来说真是一个巨大的挑战，大家群策群力绞尽脑汁，完成后越看越得意！后来听了其他组的介绍，发现个个都很有创意。大家不由得感叹：只有想不到，没有做不到。这些任务看似与本次培训关系不大，但身处其中感觉大不一样：一是有了归属感，对接下来的培训更加期待了；二是因为有了小组的分工合作，对班主任随后布置下来的各项任务，感觉心里有底了。看来分组是很有必要的。

随着国家基础教育课程改革的加速推进，小组合作学习目前不论在课堂教学还是在教师培训中都被认为是一种十分有效的学习方式。与个人独立学习相比，小组合作学习有不可替代的优势。首先，小组合作学习为小组成员相互沟通、补充、支持与配合提供了机会，有利于拓展视野；其次，小组合作学习促使成员不仅对自己的学习负责，而且对小组的共同学习负责，更有利于督促个人学习；再次，个人在公开场合暴露自己需要勇气，其他成员也是评估自己的一面镜子，因而个人在小组合作学习中发生的变化更容易保持下去；最后，在新课程中，强调学生要以合作学习的方式进行，但对从传统教育走过来的教师来说，指导他人学会自己未曾经历过的东西，是有难度的。因此，在教师培训中，让教师在"合作学习"中学习"合作学习"，这本身也是一种难得的经历。

三、任务——加强情感沟通的平台

【案例三】这次班主任布置给各组的任务很多，但很具体。比如制作学习简报，哪一组制作哪一天的学习简报、什么时间完成、小组内由谁来完成等在手册上都已设计好，我们小组很快地对各项任务进行了分工，这样每个人在培训期间要做些什么事心里都非常清楚。而且手册上很明确地写清楚了优秀学员、优秀小组的考核办法，我们组里大家互相鼓气，要争取优秀小组。那段时间，为了完成任务，我们不停地交流、互相探讨，在彼此身上学到了很多。

现代培训理论认为，要提高培训的有效性，就必须充分发挥学员在培训活动中的主体作用，着力增强他们的主体参与意识，促使他们积极主动地投身于培训学习中。"任务驱动"是一种以建构主义为理论基础、旨在促进学员自主学习的教学方法。它将培训目标转化成具体的任务，把培训内容有机地安排在每个任务之中，通过完成一个个具体的任务，促使学员从被动接受到主动地思考与探索，走出"听听很激动，听完后一动也不动"的培训困境。同时，在完成任务的过程中，有不同经历和经验的学员之间会有更深入的交流，有利于充分发挥学员的潜能，使培训效果得以更大的提升。

运用"任务驱动"策略需要注意任务的布置、执行和监控等问题。

首先是任务的布置。任务是手段，不是目的，任务的设计、编写必须紧密围绕并服从于培训目标；应落实到具体，尽量避免抽象和完全理论化任务；任务内容要符合学员的实际需求；要合理地设置任务数量，避免出现过多或过少等极端情况；要考虑任务的过程性和连续性，为培训前、中、后各环节确定系列任务。

其次是任务的执行。"任务驱动"策略明确提出"以任务为主线、教师为主导、学生为主体"的教学方式，在促进学员自主学习的方面，普遍认为合作学习能较大程度地促进学员的参与程度、提高学员的自主学习意识和能力，被人们誉为"近十几年来最重要和最成功的教学改革"。因此，在培训者的组织与引导下，培训中通过合作学习的组织与实施，促进学员主体参与培训活动并有效完成任务，是学员执行任务的一种有效方法。

最后是任务的监控。一方面，人往往有惰性，需要外在的约束与激励，即使成人也不例外，因此需对培训任务建立量化的任务评估标准，通过积极的、连续的任务监控体系，对学员形成学习的压力和动力，有效地保证及时高质量地完成任务，持续地促进自身素质的提高。另一方面，培训机构也能从培训任务的完成率、完成质量等进行深入详细的分析，从中提取出改进与完善培训工作的重要信息，把培训任务监控与评价培训工作的改进紧密联系起来，有效地提高教师培训的实效性。

美国成人教育专家林德曼曾说过，成人教育"不是从课程入手，而是从铸造成人的生活情境和经历入手"。在培训中应有意识地营造学员的情感参与——策略性分组、建立交流机制、搭建参与平台等，使参加培训的学员成为主动平等的交流者、积极的参与者和问题解决策略的贡献者。深度的情感体验使他们在学到知识的同时，也有效地将这种情感和学习形式迁移到平常的教育教学实践中，使培训真正成为教师的加油站。希望有更多的培训者来重视和艺术地铺垫培训中的情感暗线，让教师培训的课堂更多地充满激情和智慧。

后记

　　教师是一个教育人的职业，这就要求教师不断地学习，及时"充电"，树立终身学习的思想和态度。近年来，送教下乡活动正如火如荼地开展着，农牧区的乡村教师的思想长期处闭塞状态，因此，农牧区开展送教下乡活动很有必要。相对于城市而言，农村的教育普遍比较落后，特别是那些偏远山区的教育质量得不到保证，教师长期处于封闭的思想状态下工作和生活，对外界的变化知之甚少，思想跟不上社会和时代发展。因此，实施送教下乡，促进乡村的教育，提高乡村教学的教学质量势在必行。

　　"国培计划"送教下乡的目的是针对乡村教师自身综合素质的全面提升，从而推动乡村教育的发展，缩小城乡教育的不均衡差距，实现教育的均衡发展。目前送教下乡的实施在很大程度上对于乡村教师来说是难得的自我提升的机会。而送教下乡所针对的受训群体的特殊性也对送教下乡提出新的问题与要求。由于农村地域性经济的限制，导致乡村教育没有得到发展，交通的闭塞，教育思想的落后，教学方式的陈旧以及复杂的学生情况，这些都是制约乡村教师与乡村教育发展的重要因素。因此在无法短期内改变农村教学环境的前提下，实行送教下乡对乡村教师进行教育教学技能进行必要的培训就成了乡村教师提升的重要途径。

　　送教下乡教师的培训是针对乡村教师实行的，也就是说，送教培训的内容都是针对于乡村教师的实际教育情况的。换言之，要使得送教下乡培训的内容对于乡村教师有合理性、实用性以及实效性，那么在送教下乡培训的课程设置上就必须有极强的针对、科学性以及实用性，这对于培训课程的设置首要的是从思想上进行改变，从而再到教学技能进行培训，从而使得乡村教师能够在送教下乡教师培训的过程中得到解决教学中实际困难的具体方法，并以此增强乡村教师对于教育的热情以及教学的积极性。众所周知，教师的培训并非"一锤子买卖"，这是一个长期的过程，只有教师培训具备持续性，对于教师的培训效果才能得到保持，才能使得培训内容形成体系化。但无论从哪个方面来说，要保证送教下乡培训顺利的实行都必须对培训的课程设置进行必要的研究。

从目前的乡村教育以及乡村教师培训的现状来看，乡村教师培训这一环节是相对薄弱的。从重要性来讲，送教下乡能够有效地实现现场教育人力资源的全面提升，体现乡村教育发展的内在要求，直接地全面地提升乡村教师的整体素质，提升教学质量从而推动教育的均衡发展。也就是说送教下乡必行之路。而对于送教下乡培训而言，培训课程的设置则是其灵魂的存在。送教下乡培训课程的设置接关系到送教下乡的培训质量优劣，保证了送教下乡培训的可持续发展，甚至在推动教师培训课程的改革上也具有极大的作用。从送教下乡培训课程设置的作用分析，笔者认为教师培训课程的设置应该具有针对性的设置，可以从乡村教师、专家学者、培训过程、动态生成以及区域特色等多个方面进行课程资源的开发，是的课程的设置变得灵活而实用起来，不再是高高在上。通过笔者对于送教下乡以及送教下乡课程的分析认为，在送教下乡的培训课程设置上应该遵循实用性，从理论课程与师德师风课程的设置，到具体的课堂诊断技能、教学技能、课程设计技能以及研究乡课程的设置，此外要更好的做好教师培训还要通过反思型课程设置以及"隐性课程"设置了解送教下乡课程设置的目的，从而做出合理使用的培训课程设置。

就送教下乡教师培训课程的设置而言，这一课题与送教下乡一样具有时代发展性，它不是一时一人决定的，随着时代的发展以及乡村教师实际教学情况的变化，都会对送教下乡教师培训课程设置起到促进的作用。教育所培养的人才是针对与社会的需求的，教师作为教学的实际执行者，特别是教育环境落后的乡村，更应该对教师进行必要的提升，从而引导教育教学的提升，笔者也希望通过对送教下乡培训课程设置的探索为农村教育发展尽自己的一分力。

参考文献

[1] 顾明远，檀传宝.2004：中国教育发展报告——变革中的教师与教师教育 [M].北京师范大学出版社，2004：第 159 页.

[2] 吴玲.教育硕士专业学位课程设置研究：基于教师专业发展的视角［D］.华东师范大学，2007：42.

[3] "国培项目"培训需求的调研分析与对策建议 [J].张宛艳.教育评论.2016(04).

[4] 国培计划"送教下乡"培训模式的有效性研究——以西安市项目县为例 [J].樊丽.西安文理学院学报(社会科学版).2015 (06).

[5] 送培下乡"接地气"的国培行动——黑龙江省教育学院实施"国培计划 (2013)"送教下乡培训望奎县现场纪实 [J].刘峻峰.中小学教师培训.2014(07).

[6] 易洪湖.湖南省学前教育"送教下乡"活动研究 [D].湖南师范大学，2012.

[7] 黄耀.关于"送教下乡"活动策划的有效性思考 [J].现代中小学教育，2010，08：60-61

[8] 李术蕊."送教下乡"：培育新型职业农民的有效出路——山西省职业教育"送教下乡"跟踪报道 [J].中国职业技术教育，2013，28：16-23.

[9] 周桂荣."送教下乡"教学进程管理模式探究 [J].现代农村科技，2012，15：65-6.

[10] 赵国圣，龚金喜.国培项目抓落地县校培训创特色 -- 沙洋县中小学教师培训工作纪实 [J].继续教育,2015,(8).

[11] 教育部办公厅，财政部办公厅.关于做好 2011 年"中小学教师国家级培训计划"实施工作的通知 [J].中小学教师培训,2011(2).

[12] 高闫青，"国培计划"置换脱产研修项目培训体系的构建 [J],西北师大学报,2011(48)69-73

[13] 黄杨.高校教师岗前培训课程的问题分析及对策 [J].考试周刊，2014（50）.

[14] 王冬凌.构建高效教师培训模式：内涵与策略 [J].教育研究，2011（11）.

[15] 朱旭东，宋萑.论教师培训的核心要素 [J].教师教育研究，2013（5）.

[16] 曹杰旺.高师英语教学应对基础教育课程改革 [J].中国高教研究，2005（2）.

[17] 国家委员会办公厅.高等学校教师岗前培训暂行细则 [Z].

[18] 新学成教育智库.看懂未来教育的六大趋势 [Z].

[19] 胡来宝."以课领训"夯实教师培训主体性实践 [J].中小学教师培训，2015（12）.

[20] 胡来宝."以课领训"——农村山区县域内教师一体化有效培训模式 [J].教师教育论坛，2015（2）.

[21] 龙宝新.欧美国家教师培训发展面临的问题与走向 [J].中国人民大学教育学刊，2015（3）.

[22] 黎奇.综合实践活动课程实施与实例.吉林教育出版社,2007.

[23] 姜平.综合实践活动课程的整体推进与校本化实施.首都师范大学出版社,2006.

[24] 王亚青.国家精品课程评价指标体系的分析与思考 [J].中国高等教育评估，2007（4）.

[25] 送教下乡培训的理论与实践 [M].西南师范大学出版社，朱福荣，2016

[26] 杨昌友.基于国培项目送教下乡培训的实践与研究 [J].现代中小学教育,2016,(8).

[27] 宋雪菲.做好国培项目培训管理工作的方法探讨 ——以重庆市江北区教师进修学院实施国培项目为例 [J].新教育时代电子杂志（教师版）,2017,(42).

[28] 董彦.MOOC 背景下国培项目在线培训资源优化建设研究 [J].呼伦贝尔学院学报,2016,(4).